ELON MUSK

埃隆·马斯克
品牌管理手册

于晓强 / 著

浙江教育出版社·杭州

图书在版编目（CIP）数据

埃隆·马斯克品牌管理手册 / 于晓强著 . -- 杭州：浙江教育出版社, 2024.8
ISBN 978-7-5722-7900-3

Ⅰ.①埃… Ⅱ.①于… Ⅲ.①埃隆·马斯克—企业管理—经验—手册 Ⅳ.① F279.712.3-62

中国国家版本馆 CIP 数据核字（2024）第 100829 号

责任编辑 寿临东		**美术编辑** 曾国兴	
责任校对 陈德元		**责任印务** 陆　江	
封面设计 尚书堂			

埃隆·马斯克品牌管理手册
AILONG MASIKE PINPAI GUANLI SHOUCE

于晓强　著

出版发行	浙江教育出版社
印　　刷	杭州钱江彩色印务有限公司
开　　本	880mm×1230mm　1/32
成品尺寸	147mm×210mm
印　　张	7.875
字　　数	230000
版　　次	2024 年 8 月第 1 版
印　　次	2024 年 8 月第 1 次印刷
标准书号	ISBN 978-7-5722-7900-3
定　　价	59.00 元

如发现印装质量问题，影响阅读，请与本社市场营销部联系调换。
电话：0571-88909719

Contents 目录

第一章 重新认识品牌之王埃隆·马斯克   001

    第一节   为什么马斯克是"品牌之王"   008
    第二节   马斯克所推崇的"第一性原理"到底是什么   011
    第三节   用"第一性原理"打造品牌管理新范式   016

第二章 赋予你的公司一个伟大故事   023

    第一节   公司的创立故事,是一切的开端   027
    第二节   为公司取一个有可能伟大的名字   033
    第三节   核心产品命名背后的故事设计   042
    第四节   最后,为品牌故事注入一些浪漫   048

第三章 像马斯克一样,勇做"钢铁侠"   055

    第一节   马斯克的履历,就是一部励志剧   059
    第二节   本质上,我是一个工程师   067
    第三节   钢铁侠的疯狂生活方式   074

第四章　打造极致产品，让粉丝为品牌呐喊　　083

第一节　如果可能，让你的产品十倍好　　087
第二节　努力让意见领袖为你的品牌"传布"　　095
第三节　充分调动粉丝的积极性进行自发传播　　101

第五章　充满"统治力"的定价策略　　109

第一节　为跨时代产品发布打个"时间差"　　112
第二节　让定价成为公司商业竞争的武器　　115
第三节　用充满话题性的周边产品，来收割品牌溢价　　119

第六章　让 CEO 变成公司最大的移动广告牌　　127

第一节　参加影视剧与各类采访中的技巧　　131
第二节　背景、衣着与座驾中所隐藏的品牌元素　　137
第三节　表达对人类未来的终极关怀　　140
第四节　马斯克的平衡术，如何正确处理公关危机　　143

第七章　1.4 亿推特粉丝背后的运营策略　　151

第一节　持续发推特，量变引发质变　　155
第二节　全方位展示最真实的自己　　161
第三节　将推特变成公司新闻发布平台　　166
第四节　通过社交媒体发动商业公关战　　169

第八章　让你的发布会充满传播魔力　179

　　第一节　发布会的议程设计　182
　　第二节　发布会的设计技巧分析　185
　　第三节　马斯克演讲的隐秘技巧　190

第九章　发挥想象力，让渠道助力品牌　197

　　第一节　线下：提供不打扰的优质体验　200
　　第二节　线上：让用户用最少的步骤找到并下单　203
　　第三节　为消费者偶尔提供一些品牌温度　206
　　第四节　合纵连横，串联生态公司"生态化反"　209

第十章　打造完美品牌团队的秘诀　217

　　第一节　公司需要一支怎样的团队　221
　　第二节　通过"异步沟通法"持续激发团队思维　225
　　第三节　打造"酷工程师文化"的制度设计思考　227
　　第四节　首席人力资源官，随时随地的顶级人才招募会　231

后记　最后，所有的事都是品牌这一件事　238

第一章
重新认识品牌之王埃隆·马斯克

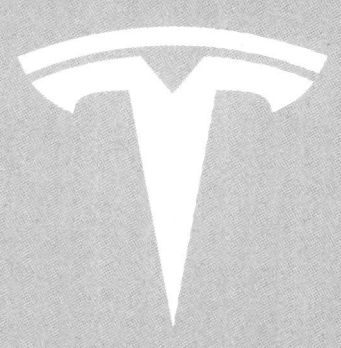

这是一个渴望拯救我们的星球，让我们能居住在一个新的星球上的人：小丑、天才、边缘人物、梦想家、实业家、表演者、无赖……一个由托马斯·爱迪生、巴纳姆（P.T.Barnum）、安德鲁·卡内基（Andrew Carnegie）和曼哈顿博士[①]组成的疯狂混合体，一个忧郁的、蓝皮肤的"人间之神"，并准备移居火星。

——2021 年 12 月 13 日，《时代》年度人物评语

埃隆·马斯克是一个令人惊叹的人物。作为世界上最富有的人之一，他却没有自己的房子。他开着自己公司制造的智能电动汽车上下班，他会把一些几十层楼高的火箭发射到太空。他誓言终有一天，这些火箭将降落到火星。对了，他还患有阿斯伯格综合征[②]。但即便如此，他所说的每一句话都会迅速在社交网络中发酵，甚至会在资本市场中激起不小

[①] 曼哈顿博士（Doctor Manhattan）是漫画《守望者》里的虚构角色，具有强大的超能力，能掌握事物的本质。
[②] 又名亚斯伯格症候群（Asperger syndrome，简称 AS），其重要特征是社交与非言语交际障碍，同时伴随着兴趣狭隘及重复特定行为。

的浪花。

《时代》这样评价他："这是一个由托马斯·爱迪生、巴纳姆、安德鲁·卡内基和曼哈顿博士组成的疯狂混合体。"

爱迪生和卡内基是大众所熟知的发明家和企业家，曼哈顿博士则是漫画《守望者》里的超级英雄和科学家，这些形象与马斯克的公众人设颇为相符。

但巴纳姆是谁？为什么说马斯克身上有这个人的影子？

巴纳姆是一位善于炒作，同时极具争议的营销大师。在19世纪的美国，他将营销观念、资源和策略运用到了极致。他名下的美国博物馆和世界大马戏团直到现在依旧繁盛如初。在很多人看来，巴纳姆是美国历史上最重要的"娱乐商人"，他为美国娱乐业找到了持之以恒的"魔力药方"。

马斯克有着和巴纳姆相似的营销天赋。他非常懂得如何用故事、噱头，甚至争议来吸引公众的注意力，借势塑造自家公司的品牌形象，以最终推动产品销售。

马斯克精通于借助个人魅力、个人故事来打造一个超级英雄的人设，让消费者在不自觉间对他和他的品牌产生无限的信任和忠诚。让我们快速回顾马斯克的成长与创业历程，看看在马斯克身上，到底有哪些巴纳姆的"痕迹"。

1971年6月28日，马斯克出生于南非的首府比勒陀利亚。他的父亲是一位电子工程师，母亲则是一位模特。可以说，在马斯克的血液中，天生就同时流淌着工程师的严谨和模特的魅力。

12岁时，马斯克就展现了自己的工程和商业天赋，他当时编写了一款电脑游戏，并成功将其卖给了一家杂志社，赚到了人生的第一桶金

（500美元）。

但马斯克的童年时光难言幸福，他经常遭受校园霸凌。雪上加霜的是，他的父亲还有一定的暴力倾向，马斯克甚至曾对媒体直言："我的父亲是人类中的败类。"

1988年高中毕业后，17岁的马斯克决定离开南非，只身前往加拿大，寄居于母亲的亲戚家中。1992年，21岁的马斯克经加拿大转学进入美国宾夕法尼亚大学，开始学习物理学和经济学。

伴随着90年代的互联网浪潮到来，马斯克的命运齿轮终于开始转动。1995年大学毕业后，马斯克通过创办互联网搜索公司（以下简称Zip2[①]）和贝宝（以下简称PayPal[②]），实现了个人层面的经济自由，并获得了追逐更大梦想所需要的启动资金。28岁的马斯克变成了千万富翁，30岁的马斯克变成了亿万富翁。这一时期的马斯克更多扮演着"爱迪生"的角色，他睡在办公室，自己敲代码。

在获取了人生的"前两桶金"后，马斯克并没有停下脚步，而是一脚踹开了"硬科技"的大门。他将自己赚取的所有资金一分为二，一半用于创办美国太空探索技术公司（以下简称SpaceX），另一半用于创办特斯拉。

如果从2002年创办SpaceX算起，马斯克用20年时光，成功打造了自己的"钢铁帝国"。2022，特斯拉已经成为全世界知名的智能电动

[①] Zip2的早期业务是为当地企业提供互联网定位信息和检索服务，后变为向美国全国性的媒体提供软件套餐和信息网络，1999年，康柏电脑收购了Zip2。
[②] 1998年12月，彼得·蒂尔的公司（Confinity）和马斯克的公司（X.com）合并组成PayPal。2002年10月，当时全球最大的拍卖网站易贝（以下简称eBay）以15亿美元收购了PayPal。

汽车品牌，引领着新能源革命。而 SpaceX 则是目前全世界领先的私营火箭公司，重振着美国的太空梦。马斯克的这两家"钢铁公司"，让他有资格比肩"钢铁大王"安德鲁·卡内基。

与此同时，在每一段创业历程中，马斯克都展现了不凡的工程能力。2022 年，马斯克更是凭借其出色的工程能力，入选美国国家工程院院士。可以说，现实中的马斯克像极了漫画中那位拥有超能力的曼哈顿博士。

马斯克已经成为继史蒂夫·乔布斯之后，美国科技界的新一代领军人物。相比充满神秘色彩的乔布斯，马斯克显得更加难以定义，他更复杂，也更有趣。沃伦·巴菲特这样评价："我们玩游戏，而他在做大事，我们只是选择做容易的事情，我们不想和马斯克竞争，在很多事情上都是如此。"

除了特斯拉和 SpaceX，马斯克旗下还有一系列充满想象力，又极具爆发力的科技品牌。普通人用毕生精力打造一个成功的品牌已属不易，马斯克却打造出了一系列横跨多个领域的世界级科技品牌。

在品牌打造方面，马斯克表现得特立独行。马斯克公开声称自己"讨厌营销"。他坚持"零广告投入"，甚至曾开除了特斯拉总部的所有公关人员。他喜欢通过推特直接对外发言，他也会高频地接受各类媒体访谈，他愿意在不同的电影中"扮演自己"，他对公司的标志（以下简称 Logo）设计和产品命名锱铢必较……

追根溯源，马斯克推崇通过"第一性原理"[①]来推动所有工作。第一性原理早已融入他的血液，指引着他做出所有商业决策。第一性原理

[①] 第一性原理最早可以追溯到亚里士多德所提出的一个哲学观点："每个系统中都存在一个最基本的命题，它不能被违背或删除。"

就是把任何问题拆解到最基础的层面，看哪些因素对解决问题有决定性作用。以造火箭为例，马斯克发现火箭就是由航空航天级别的铝合金，再加上钛、铜和碳纤维所组成的。经过调研，他发现这些火箭的原材料成本只占总成本的百分之二左右。

正是借助第一性原理去思考和实践，马斯克最终只用传统火箭一半的价格，就造出了更为先进的火箭产品。擅长"上天入地"、宏大叙事的马斯克，看似粗枝大叶，但对台前幕后的每句台词、每个细节，都通过他所推崇的第一性原理，进行了精心的设计。

市面上对马斯克如何运用第一性原理造汽车、造火箭的分析，早已屡见不鲜，但鲜有人系统地对马斯克的品牌管理方法进行归纳和分析。事实上，马斯克用第一性原理重构了品牌工作的整个流程，建立了一套"马斯克范式"。

本书试图从品牌视角出发，揭秘马斯克从 0 到 1 的品牌建设密码。围绕马斯克最近 30 年的公开演讲、个人传记、媒体报道等各类素材，笔者尝试对马斯克的品牌管理方法进行"逆向研发"，探讨马斯克是如何运用第一性原理，在实践中搭建出了一套适合互联网时代的品牌管理全新范式。

为了原汁原味地展现马斯克的品牌管理思想，本书的每一章都将采取三段论方式行文：首先会直接摘录马斯克涉及品牌的相关言论；其次会结合特斯拉、SpaceX 等公司的具体品牌案例，情景再现其品牌策略的背景以及效果；最后会简要提炼总结其中所蕴含的方法论。

接下来，就让我们来揭秘马斯克的"营销药水"，其中有哪些神奇配料。

第一节　为什么马斯克是"品牌之王"

声称厌恶营销，却成为全球市值最高的汽车品牌

> 实际上我不喜欢营销这个概念，我觉得营销是个很奇怪的概念，我不喜欢。我觉得营销好像就是要骗人买东西一样。
>
> ——2014年4月21日，马斯克参加极客公园创新者峰会

2020年6月11日凌晨2时49分[①]，资深推特用户埃隆·马斯克上线。他只敲击了几下，发出了3个字母——"哈哈哈（原文为Lol）"。仅用了1个小时，马斯克的这条推文就收获了1.1万转发和7万点赞。

"发生了啥？""你倒是说话啊。"……吃瓜网友们被马斯克的这三个字母激发起了强烈的好奇心。

1个小时后，马斯克发推自己解开了谜团——"股票"。

就在前一天，特斯拉正式超越丰田汽车，成为全球市值最高的汽车品牌。马斯克用这样一条玄妙的推文来庆祝这个里程碑时刻。

这家全球市值最高的汽车公司的老板，曾在不同的场合多次声称："我讨厌营销。"但特斯拉真的像马斯克所说那样讨厌营销吗？

如果从2010年特斯拉上市算起，特斯拉曾策划执行过多个惊艳业界的品牌营销事件。比如"送跑车上太空"事件，比如对特斯拉"超级工厂"的宣传。特斯拉在品牌层面的持续创新，一直在"侧面战场"助推着公司的市值"冲上云霄"。

马斯克并不是排斥品牌营销，而是嫌弃过时低效的传统营销方法。

[①] 美国加利福尼亚州时间。

他的"品牌范式"有一个鲜明特点：不做广告。但是，他真的"不做广告"吗？

没有广告预算，却成为最具价值的汽车品牌

> 特斯拉超越了梅赛德斯-奔驰和丰田，成为全球最具价值汽车品牌榜单上的第一名，其品牌价值为662亿美元。
>
> ——2023年4月4日，英国品牌金融咨询公司

> 我认为广告应该提供有关产品的信息，应该是让人赏心悦目的，它应该很好看，应该有一些美学元素，它应该是你看完之后不会觉得后悔的东西。我认为广告如果符合这些标准，它才基本看起来靠谱。
>
> ——2023年5月16日，马斯克接受美国消费者新闻与商业频道（以下简称CNBC）记者专访

特斯拉董事会主席罗宾·德诺姆（Robyn Denholm）曾这样赞叹："我们从不花钱打广告。马斯克能够通过社交媒体与全球各地的人群沟通，这对公司来说是无价之宝。"

汽车行业通常要把汽车售价中的10%~20%用于营销。相比于动辄每年花费数十亿美元的传统车企，特斯拉是汽车行业中的"绝对另类"。

马斯克多次公开表示："特斯拉不做广告，也不付费找代言人。我们把这些钱用来提升产品质量。"特斯拉不花一分钱打广告，却实现了令同行艳羡的爆炸式增长。

在硬币的另一面，相比于营销上的"抠门"，特斯拉每年会投入远高于行业平均的研发资金。特斯拉用在每辆车上的研发费用高达2984美元（约合1.9万元人民币）[1]，要知道，这是其他普通车企的三倍之多。可以说，马斯克紧紧抓住了"微笑曲线"[2]的两端：技术创新与品牌影响力。

马斯克对广告做了一个大胆的假设：如果没有广告会怎么样？特斯拉会不会在喧嚣的舆论中销声匿迹？事实正好相反。特斯拉一直占据着全球科技界的头条新闻位置。

解散公关团队，却常年霸占全球科技舆论场

其他公司把钱花在广告投放和操纵公众舆论上，特斯拉专注于产品，我相信用户。

——2021年4月28日，马斯克在推特回复网友

职位描述：

1. 在没有预算的情况下独立开展工作；
2. 丰富的当地媒体资源，与媒体朋友保持良好关系；
3. 专业的谈判能力和商务沟通能力；
4. 具有豁达开朗的性格和亲和力。

——2022年，特斯拉中国公关经理招聘介绍

---

[1] 研究公司（Stock App）数据。
[2] 1992年，施振荣先生为了"再造宏碁"，提出了著名的"微笑曲线"（Smiling Curve）理论。这一理论是指，在一个产业链中，按照附加值的分布情况，价值最丰厚的区域集中在产业链的两端：最左端的研发设计、最右端的品牌营销。

2020年秋天，马斯克解散了特斯拉美国总部的公关团队，这让特斯拉成为全球汽车制造商中第一个与媒体刻意疏远的"异类"。特斯拉在中国的公关招聘也很特别，岗位要求中往往有这样一句话："在没有预算的情况下独立开展工作。"

虽然特斯拉的公关团队看起来"形单影只"，但特斯拉和马斯克在舆论场中拥有着远超同行的影响力和话题度。特斯拉和马斯克常年占据着全球科技新闻的头条。

据《中国企业家》统计，仅在2021年上半年，马斯克就47次上了微博热搜，涉及各种话题，包括争议言论、私生活、推特交易等。在推特上，马斯克更是一个"超级话痨"，吸引着亿万粉丝的随时关注和转发。

这一切的背后，是因为特斯拉有一个全球最会炒作品牌的首席执行官（以下简称CEO）——埃隆·马斯克。

他是怎么做到的呢？马斯克"神奇药水"的核心成分，就是他最推崇的第一性原理。

第二节　马斯克所推崇的"第一性原理"到底是什么

我认为第一性原理适用于任何事情

我认为第一性原理适用于任何事情，它其实就是教我们把事情分解成最基本的东西，到最基础的层面上，我们有信心认为是正确的东西。这让你有了公理基础，然后从那里推理，根据公理真理，交叉检查你的结论。比如你是否违反了基本的能量守恒或动量守恒这类东西。你知道那是行不通的，这可以用来评估可能性。

——2021年12月29日，马斯克接受
播客节目访谈

我觉得物理可以为思考提供比较理想的框架，就是推理的基本原则。我想说的是，把一件事分解到只剩核心，然后从这里开始推理，而不是采用类比推理。

——2013年2月27日，马斯克在TED①上与
克里斯·安德森（Chris Anderson）谈话

埃隆·马斯克在2021年7月30日邀请了油管（以下简称YouTube）上的火箭博主蒂姆·多德（Tim Dodd）参观了他在德州博卡奇卡海滩的"星际飞船"工厂。在采访中，他介绍了自己的经典工作五步法：

1. 不要有愚蠢的需求；
2. 删除不必要的部分；
3. 在前两步的基础上优化；
4. 在前三步的基础上加速；
5. 在以上的基础上实现自动化。

这个"五步法"最直观地反映出了工作中的马斯克是如何运用第一

---

① 即TED大会，TED为技术（Technology）、娱乐（Entertainment）、设计（Design）的缩写。

性原理的。

第一性原理是亚里士多德提出的一个哲学观点，意思是每个系统中都有一些最基本的命题，不能被违背或删除。简单来说，第一性原理就是当分析一个问题时，要先排除那些既有概念，把问题拆解到最基础的层面，对其各要素进行结构分析，找出哪些因素对解决问题最重要，从而找到实现目标最优路径的方法。

马斯克对待任何商业问题，都会用第一性原理，从工程师的角度去拆解和分析，以找到最优答案。比如没人认为火箭可以回收使用，而马斯克发现，只有让火箭实现可重复使用，才能真正大幅度降低其成本。而从第一性原理来思考，这是完全可能的。

火箭是由什么做成的？航空航天级别的铝合金、钛、铜和碳纤维。这些原料的市场价是多少？马斯克发现，火箭的原材料成本只占总成本的百分之二左右。这个比例对于一件庞大的机械产品来说真是不可思议。

马斯克得出结论，其实火箭并不需要这么贵，就算不重复使用，也可以便宜许多，如果能做到可重复使用，像飞机那样，那么火箭的制造成本会急剧下降，太空旅行的成本也会急剧下降。

回到品牌管理，马斯克的品牌策略就是通过第一性原理，结合公司和时代特性，重新设计品牌营销的整个链条，找到那条最短、最有效的路径。

马斯克的品牌观：品牌是消费者对产品的最终综合印象

品牌是一种感知，随着时间的推移，这种感知会与现实相匹配。有时它会领先于实际情况，有时它也会落后于现实。但说到底，品牌是消费者对产品的最终的综合印象。

——2010年12月24日，马斯克接受硅谷商业杂志采访

广告技术公司的CEO塔尔·雅各布森（Tal Jacobson）这样评价马斯克："他利用媒体扩大自己和公司品牌的能力简直是一种艺术。"

马斯克认为品牌是一种感知，它会随着时间而与现实接近。这个观点类似于股票市场的逻辑："短期来看，市场是投票机，长期来看，市场是称重机。"

如果第一性原理可以造火箭，那么也可以用来建设品牌。从第一性原理出发思考，品牌建设的目的只有一个——"买我产品"。

品牌是对产品的最终的综合印象。而要完成吸引用户购买这一最终目的，必须赢得用户口碑。传播学中的创新扩散理论[1]证明，一个新事物被采纳的决定性因素，往往取决于良好的人际关系和大众传播的频率。

在网络媒体如此发达的今天，让一个品牌被认知并不难，真正难的是让一个品牌被信任。以打造"品牌口碑"为目标，马斯克对传统的品牌营销链条进行了思考和重新设计。而这一切都建立在关于品牌的3个基本理论之上。

---

[1] 创新扩散理论指一项新的观念、事物、技术引入社会体系时的演变过程。传播过程包含知晓、劝服、决策、证实四个环节。当一种创新在刚起步时，接受程度比较低，使用人数较少，扩散过程也就相对迟缓，当使用者比例达到临界值后，创新扩散过程就会迅速加快，新事物的采纳的决定性因素在于良好的人际关系以及是否经常接触大众传播。

从"买我产品"这个最终目标出发，看品牌的3个基本理论

> 每个人的需求可以由低到高分为五类：生理需求、安全需求、归属需求、尊重需求和自我实现需求。
>
> ——马斯洛需求层次理论

> 消费者的购买旅程由五部分组成：认知（Awareness）、兴趣（Interest）、购买（Purchase）、忠诚（Loyalty）、推荐（Advocate）。
>
> ——消费者购买旅程（AIPLA模型）

> 所有营销活动都可被归结为四个基本策略的组合，即产品（Product）、价格（Price）、促销（Promotion）、渠道（Place）。
>
> ——营销（4P）理论

马斯克在2015年1月回答红迪网（以下简称Raddit）的网友提问中说："重要的是把知识看作是一棵语义树，要先理解基本原理，就像树的主干和分枝，然后再去关注细节，也就是树叶，否则你会没有依据，不知道该怎么归类。"

如果说第一性原理是马斯克品牌管理方法的"根基"，那么我们还需找到品牌的基本理论作为"主干和分枝"。

从最终目的"买我产品"出发，需要思考三个核心问题：第一，消费者为什么买？第二，消费者如何买？第三，在这个过程中，企业可以做些什么？

首先，消费者为什么买？任何品牌都必须给消费者带来价值，才有

存在的意义。马斯洛需求层次理论认为,消费者的需求由低到高可以分为五层:生理需求、安全需求、归属需求、尊重需求和自我实现需求。品牌能够满足消费者的需求等级越高,品牌能够获得的溢价就越高。这五层也代表了一个品牌自身可以实现的"自动驾驶能力"。

其次,消费者如何买?源自美国的消费者购买旅程(AIPLA 模型)很好地拆解了消费者从认知一个品牌,到最终选择购买的全过程:认知(Awareness)、兴趣(Interest)、购买(Purchase)、忠诚(Loyalty)、推荐(Advocate)。特斯拉的品牌营销策略正是以此路径,贯穿了用户的整个购买旅程。

最后,企业可以做什么呢?品牌营销学中的经典"4P"理论,为我们提供了一个最基本、最稳固的框架:产品(Product)、价格(Price)、促销(Promotion)、渠道(Place)。所有的品牌动作,最终都会落实到这"4P"中的一项或几项的组合之中。

接下来,让我们来看看马斯克是如何借助第一性原理,重构这三大品牌基础理论的。

第三节 用"第一性原理"打造品牌管理新范式

这是一个好故事,一场上演了30年的真人秀(Story)

> 我认为爱迪生当然是一个榜样,可能是最伟大的榜样之一。但这家汽车公司还是叫特斯拉吧……因为我们用的是交流感应电动机,这是尼古拉·特斯拉发明的架构。这家伙在当今社会应该得到更多的戏份。

——2008年10月6日，马斯克接受哥伦比亚广播公司采访

2005年8月26日，21岁的李宇春夺得"超级女声"音乐比赛全国总冠军。在这档节目中，李宇春从一个普通女孩成长为一个超级明星，赢得了全国粉丝的支持。

这种"成长型偶像"对粉丝们有着独特的吸引力，因为粉丝会陪伴他（她）经历所有的失败和成功，粉丝会对这位"偶像"产生更多的情感诉求。

马斯克深刻理解"创业真人秀"的价值，并一直将自己的创业过程公开展示在大众面前。在这档"真人秀"中，这位出生于南非的男孩凭借自己的才华和努力成为亿万富豪，涉足航空航天、智能汽车、社交媒体、脑机接口等领域，被人们称为"当代钢铁侠"。

而马斯克所创建的科技公司，在本质上，都在讲述人类作为一个整体去探索边界，完成自我实现的愿景。马斯克更是在各种场合中，重复地讲述着这些"故事"。

在很大程度上，马斯克的创业故事代表着人类拓展自身生存空间的终极梦想。也正是因为这些故事，让马斯克在创业路上获得了比普通公司更多的宽容、鼓励和祝福，也让品牌更加闪耀。

无论是在特斯拉、SpaceX，还是在推特，马斯克对内对外的所有品牌动作，都是在演绎着自己的"创业真人秀"，讲述着公司的使命故事。

在本书的第二章《赋予你的公司一个伟大故事》中，将系统讲述马斯克是如何通过愿景、使命、品牌Logo设计等讲好公司故事的；在第三章《像马斯克一样，勇做"钢铁侠"》中，将进一步拆解，看马斯克是如何一步步将自己打造为"当代钢铁侠"人设的。

特斯拉产品与价格背后的品牌密码（Product/Price）

> 口碑营销是最佳的销售模式，关键是做出让人们热爱的产品。
>
> ——2018年8月15日，马斯克接受马奎斯·布朗利（Marques Brownlee）专访

亨利·福特说过："如果你问客户想要什么，他们会说更快的马。"乔布斯在1998年接受《商业周刊》采访时表示："通过焦点小组设计产品很难。很多时候，人们不知道他们想要什么，直到你给他们看。"

马斯克同样不靠市场调查来设计产品。他更习惯用第一性原理，从最优结果出发，打造出让人惊叹的产品。在特斯拉的电动智能汽车上，到处都体现着第一性原理。比如把所有控制功能集成到中控大屏幕上，比如采用极简的内饰风格，比如可以随时升级的车机系统。我们将在第四章《打造极致产品，让粉丝为品牌呐喊》中，详细分析马斯克的产品观。

在拥有了优于竞品的产品之后，如何定价以促进消费者购买是品牌需要考虑的战略性问题。因为产品的价格会决定品牌的整体定位，如何定价、怎样调价也会直接影响到产品的最终销量。

马斯克认为：一个高端品牌"从高往低推广"，逐步做更亲民的品牌是更容易的战略路径。但如果起初给大众以"性价比"印象，在未来想要走高端化路线，将会付出更多的成本。因为消费者对一个品牌的认

知,严格遵循着"首因效应"[1],即人们对一个品牌的认知往往会在第一次接触时就被固化下来。

因此,特斯拉于2008年率先推出了豪华电动跑车(以下简称Roadster),这辆车奠定了公司在电池技术和电动车动力总成方面的领先地位。之后,特斯拉陆续推出了纯电动豪华轿车(以下简称Model S)、电动SUV(以下简称Model X)、中端轿车(以下简称Model 3)等。

除了产品推出战略,马斯克有着一套充满"统治力"的定价策略。我们将会在第五章《充满统治力的"定价策略"》中,详细拆解马斯克的定价策略。

让CEO成为公司的移动广告牌,进行立体营销轰炸(Promotion)

> 我发现,我从自己在推特上读到的东西,以及我在人们创造的图片、视频、文本和表情包中看到的东西里学到了很多。我也发现通过手机传递信息是很好的方式,当我想说些什么的时候,我认为推特是最好的发布方式。它会立刻传播给所有人。你知道,有些人用他们的头发来表达自己的情绪,而我用推特。
>
> ——2022年6月16日,马斯克出席推特员工大会

任何流量都是"好流量"。

---

[1] 首因效应由美国心理学家洛钦斯首先提出,也叫首次效应、优先效应或第一印象效应,指交往双方形成的第一次印象对今后交往关系的影响,即"先入为主"带来的效果。虽然这些第一印象并非总是正确的,却是最鲜明、最牢固的,并且决定着以后双方交往的进程。

在这个"娱乐至死"的时代，舆论高地是有限的，你不占领，别人就会抢占。重要的是这个故事能否引起关注，无论是正面的还是负面的，关键是有人在看。

而在特斯拉和SpaceX，最能吸引眼球的关键渠道就是：埃隆·马斯克。

在经典的品牌营销4P理论中，促销（Promotion）和渠道（Place）对于最终打动用户购买至关重要。马斯克把自己变成了自家品牌最大的"促销员"，通过各类媒体、个人社交媒体、产品发布会，持续为自家品牌摇旗呐喊。

在第六章《让CEO变成公司最大的移动广告牌》中，我们将详细解读马斯克是如何利用各种媒体，让自己成为公司最大的广告牌的。

在第七章《1.4亿推特粉丝背后的运营策略》中，让我们一起来看看，马斯克是如何玩转社交媒体，并借助流量加速品牌成长的。

在科技界，马斯克的发布会风格可谓别具一格。我们将在第八章《让你的发布会充满传播魔力》中，分析他是如何借助第一性原理来设计产品发布会的。

找到最短路径，直达消费者的渠道设计思路（Place）

除了设计和生产车辆，我们还通过自己的销售和服务网络销售它们并提供服务。这模式与美国现有的汽车公司不同，后者通常将其销售和服务以特许方式经营。我们相信，我们的方式将能让我们更有效地运作，为我们的客户提供更好的体验，并更快地把客户的反馈意见纳入我们的产品开发和生产过程。

——2010年1月29日，特斯拉招股书

2010年的一天，已经从苹果退休的乔治·布兰肯希普（George Blankenship）收到了一封邮件："乔治，埃隆·马斯克想和你聊聊，看到打给我电话吧。"乔治曾经帮助乔布斯设计了苹果线下门店，并把苹果门店拓展到了全世界。但他一开始以为这是一封垃圾邮件，就删掉了。马斯克直接打电话并正式邀请他加入特斯拉。

如果你曾经逛过特斯拉的线下体验店，一定会觉得和苹果店很像。这正是马斯克所招募的这位乔治的功劳。客户在特斯拉体验中心可以自由地了解特斯拉汽车的细节，以及进行试驾。

特斯拉明白，与客户保持联系不应该只是在完成销售后说再见，还需提供令人印象深刻的售后支持，甚至上门服务。比如，特斯拉移动维修行动队（以下简称 Tesla Ranger）是一支经过特斯拉专业培训的移动技术人员团队，可以在客户的家中、路边或任何其他方便的地方提供维修服务。这既减少了客户将汽车拖到修理厂的麻烦，也让客户感到格外舒适和愉快。

实际上，特斯拉直接摒弃了传统的经销商模式，而是采用新模式（D2C[①]），打造了线下体验与线上支付的全新购车流程。

在本书第九章《发挥想象力，让渠道助力品牌》中，我们将对特斯拉的渠道策略进行拆解分析。

特种兵军团，马斯克是如何打造王牌团队的（Team）

> 我们是特斯拉。我们正在改变世界。我们愿意重新思考一切。我们是一家高科技公司，但与其他任何一家高科技公司都

[①] 即直接面向消费者的模式（Direct to Consumer）。

不相似；我们是一家汽车公司，但与其他任何一家汽车公司都不相似。我们与众不同，并为此感到骄傲。与众不同，让我们能够去做无人在做的事情，去实现别人认为不可能的目标。

——特斯拉"反员工手册"

在很多人看来，营销是一家公司对外做的事情。谈论品牌，为什么需要讨论团队建设呢？

品牌不仅是对外的，更是对内的。CEO 是公司最大的广告牌，每一位员工也是公司的小广告牌。合作伙伴、媒体、消费者在接触这家公司的任何一个员工时，都能感受到这家公司的品牌文化。

如果说公司的 CEO 是品牌的领导者，那么，公司中的所有团队，无论什么职位和岗位，也都要承担品牌的责任。从这个角度看，打造伟大品牌，既要对外传播，更要对内培育。

对于公司内部的员工来说，对内培育是让所有员工相信使命、践行使命的必要手段。公司的愿景、使命、核心价值观都需要通过一系列对内培育行动，来渗透到每一位员工的心中。

在打造内部品牌团队方面，马斯克有着独特的看法。马斯克更倾向于一种特种部队式的方法——"最低标准是卓越"。马斯克所从事的事业充满挑战和风险，加入团队的人不仅需要技术过硬，还需要有强大的心理承受能力。马斯克特别注重建立特种部队般的公司团队。只有这样的团队，才能重新思考一切，忍受艰苦的研发过程，克服一次又一次的实验失败。

而在具体操作层面，在沟通、奖惩、招聘等方面，马斯克有着一套独特但有效的团队建设方法，我们将在第十章《打造完美品牌团队的秘诀》中进行拆解。

第二章

赋予你的公司一个伟大故事

《引爆点》的作者马尔科姆·格拉德威尔说过:"在适当情况下,总是存在一种简单的信息包装方法,使信息变得令人难以抗拒。我们的任务就是要找到这种包装方法。"

埃隆·马斯克的信息包装方法是:为公司讲一个伟大的故事。

讲故事是品牌触达受众最有力的方式,是品牌占领用户心智的"流行病毒"。

在航空航天领域,测试新火箭时,为了避免爆炸损失,火箭公司通常会把一块混凝土放进火箭中心舱内,来测试火箭的运载能力。马斯克却觉得这种混凝土方案太无趣了。

在 2018 年 SpaceX 的一次重要发射活动中,放在火箭中心舱内的,是一辆闪亮的特斯拉红色跑车!马斯克把这辆特斯拉跑车装进了 SpaceX 的火箭里,并成功把火箭发射到太空轨道。这是当时世界上最强大的运载火箭首次成功发射,也是第一辆驶向火星的地球跑车!

这场营销活动引发了全球科技媒体的热议,人们为"人类的这次发射任务"而欢呼。马斯克拒绝使用平淡的混凝土,而是选择比混凝土酷十倍的特斯拉跑车,来讲述 SpaceX 的发射故事。

无论是特斯拉、SpaceX，还是美国神经科技公司（以下简称Neuralink），马斯克为自己的每家公司都赋予了一个终极主题——为人类社会所面临的某个难题提供解决方案。就这样，每一家公司的故事都变成了一种"流行病毒"，这些故事最大程度地降低了人们对品牌的"抵抗力"，最大程度地减弱了媒体对品牌的"免疫力"。

这些故事由公司创立的初衷、使命、战略路径，乃至产品与工厂命名等多个维度组成。那么，马斯克是如何从操作层面上，讲好公司这个伟大故事的呢？

第一节　公司的创立故事，是一切的开端

为创始人找到"传奇开场"

> 在我上大学的时候，我认为有三个领域对人类的未来影响最大，分别是：互联网、在交通领域向可持续能源转变，以及太空探索，特别是将生命扩展到多个行星。我从没想过会参与到这三件事情之中，但在我看来，这对未来是非常重要的。
>
> ——2009年8月11日，马斯克对话查理·罗斯

17岁那年，马斯克独自离开南非，只带着一个背包和一箱子书。他在加拿大的农场和伐木场打工，靠奖学金和贷款进入女王大学、宾夕法尼亚大学和斯坦福大学。

1994年，马斯克正在宾夕法尼亚大学学习经济学和物理学。这年12月的一天，他写了一篇关于"太阳能的重要性"的论文。在论文结尾，他描绘了一个太空中有两块巨大的太阳能电池板通过微波向地球发射能量的未来场景。教授给了他98分，并称赞这篇论文"非常有趣、写得很好"。

马斯克在多个场合提到，他在大学期间就认定，互联网、可持续能源、多星球生存是人类未来的三大领域。有趣的是，他的创业故事正是沿着这三大领域逐步展开的。为了理解宇宙和经济是如何运行的，马斯克在大学修了物理学和经济学的双学位。

扎克伯格也有类似的故事。扎克伯格在哈佛大学所学的专业是心理学和运算科学。2004年2月4日深夜，当扎克伯格在哈佛大学的一间宿舍里，独自搭建出脸谱网（以下简称Facebook）的雏形时，他对身边

的朋友说:"我对建立一个哈佛社区的社交网络很激动,但我相信有一天,会有人把全世界的人都联系起来。"

从这一刻起,扎克伯格真正开始意识到,地球上几乎所有的人都渴望通过社交网络被联系起来。也正是这一"觉醒时刻",让扎克伯格在两年后毫不犹豫地拒绝了微软递来的10亿美元收购邀约。

马斯克和扎克伯格都喜欢对外讲述创业之初的故事。因为他们知道,故事开篇很重要。对于一部电影或者一部小说来说,开篇会决定故事的主题和走向。讲述公司的故事也是如此,"故事开场"在很大程度上将决定公司的品牌方向。

公司的创始人都有过这样一个"觉醒时刻""传奇开场",创始人发现了一个秘密,决定成立一家公司为社会创造价值。这一刻将被永远铭记在这家公司的品牌DNA中,并最终渗透到公司文化的各个方面。

一个好故事需要具备三大要素

> 我想弄明白,为什么我们没把人送上火星。阿波罗计划的下一步显然就是送人上火星……我发现美国航空航天局没有送人上火星的计划,甚至连再次送人上月球的计划都没有。
> ——2013年4月17日,马斯克参加可汗学院对话

> SpaceX的宏伟蓝图是推进太空技术,使人类成为一个多行星物种,最终成为太空文明,让我们在科幻小说中读到的东西成真。
> ——2021年11月,马斯克参加美国国家科学院空间研究委员会和物理与天文学委员会远程联席会议

2002年的一天，马斯克好奇地登录了美国航空航天局（以下简称NASA）的网站，想看看NASA有没有探索火星的计划。"我当时想，我一定是找错了地方，怎么什么计划和安排都没有？什么都没有。"马斯克意识到，NASA根本不在乎探索火星。

马斯克经常通过讲述这个故事来解释自己为什么要创办SpaceX。也正是因为"这次失望的搜索"，马斯克开始组建团队，去探索人类未来的另一种可能性。

SpaceX的"开场故事"简单而生动：马斯克登录NASA的网站，发现NASA一无所知，他失望、震惊，最终决定自己动手！马斯克决定成立SpaceX，带领人类走向多行星生存。

这个故事不仅树立了马斯克"超级英雄"的形象，也展示了SpaceX这个新品牌对人类未来的终极关怀。时至今日，SpaceX在一定程度上，成为美国航空航天事业最耀眼的那张名片。

马斯克所设计的公司故事开端，往往具备三个要素：有对立冲突、有画面感、有社会价值。这样的品牌创立故事，就像一首在短视频平台上流行的快节奏音乐，让人难以忘怀。

首先，要有对立冲突。只有足够的反差和冲突，才能撑起一个精彩的故事。马斯克满怀期待地登录NASA网站，却发现NASA毫无火星规划，他失望和震惊了，最终决定自己上场，完成本该是NASA的任务。这几句话就构成了一个完整而激动人心的故事。

其次，要有画面感。人是感知动物，听到或看到的东西会在脑海中形成画面。马斯克登录NASA网站，失望和震惊，这些故事细节，让人瞬间想象出当时的场景。

最后，要解决一个终极而具体的问题。这会让品牌从诞生之日起，就具有高度创造性,从一开始就与众不同。

营造天时地利,合理设计"启程故事"

城市最根本的问题在于,我们构建的是三维城市,有很多高楼大厦,每层楼都有很多人。可道路却是二维的,这样显然行不通,交通肯定会极其拥堵。但如果建了隧道,交通就变成三维的了。你可以建许多条十字相交的隧道,两两之间可能有几米的垂直距离,这样就能根除交通拥堵的问题了。

——2016年1月26日,马斯克参加"启动"香港创业论坛

堵车快把我逼疯了!我要造一台隧道挖掘机,开始挖隧道;我们真的要开始挖隧道了;这家公司可以叫无聊公司(The Boring Company)。

——2016年12月17日,马斯克推特

2016年12月,马斯克被困在洛杉矶的堵车中,他发推文说:"堵车快把我逼疯了!我要造一台隧道挖掘机,开始挖隧道。"

2小时后马斯克再次发推:"我们真的要开始挖隧道了。"他接着写道:"这家公司可以叫无聊公司。"在英文中,Boring既有无聊的意思,也有钻孔的意思。

其实,马斯克早在2016年1月份,就多次在公开场合提到,自己想做一家"隧道公司",来解决城市交通问题。2017年2月,马斯克真的在SpaceX的停车场挖了一条"地道"。

到了2017年3月,马斯克的推特账户中出现了一张照片,一顶有

着"无聊公司"刺绣的鸭舌帽。

马斯克在持续不断地加深大众对无聊公司的印象。他在推特上演出了一场成立无聊公司的"戏剧"。这场戏的主要情节是：马斯克因为受不了洛杉矶的拥堵，他通过推文向全世界宣布，要创办一家名为无聊公司的隧道公司！

这个起源故事很有意思。经过"精心设计"，这家公司的故事源于创始人的一次糟糕的堵车经历。马斯克这次堵车经历，也成为所有记者报道无聊公司故事的起点。

如果公司已经明确了具体方向，可以考虑在合适的时机、合适的场景，通过创始人来演绎"真实故事"，以便于后续的品牌故事传播。这样的公司会成为一种"流行病毒"，让人们对公司故事无法抗拒，让媒体对公司故事无法免疫。

将公司的战略秘密公告天下

10年前，我发布了特斯拉秘密宏图之第一篇章，如今已进入最后的完成阶段。这一规划并不复杂，基本内容如下：

1. 打造一款产量很小的车型，该车型价格肯定是昂贵的；

2. 用赚到的钱，开发一款产量适中的、价格相对低一些的车型；

3. 再用赚到的钱，创造一款量产的、价格亲民的车型，而且……

4. 提供太阳能电力。不开玩笑，在过去的10年中，这项规划一直出现在我们的网站上……

简而言之，特斯拉宏图之第二篇章包含：

1. 创造惊人高效的、配备集成储电功能的、美观的太阳能板；

2. 扩充电动汽车产品线，满足各细分市场需求；

3. 通过大量的车队学习功能，开发出比人类手动驾驶更安全的自动驾驶技术；

4. 让车辆在闲置的时候，通过分享来为你赚钱。

——2016年7月21日，《特斯拉宏图之第二篇章》

在科技世界里，未来总是充满不确定性。有明确目标的企业往往更容易出类拔萃。

2006年，马斯克在特斯拉的官网上发表了一篇名为《特斯拉汽车公司秘密总体规划（你知我知别告诉别人）》的博客文章。他详细地介绍了公司未来至少10年的战略路径。

核心思路是：特斯拉将逐步实现从高端品牌到低端产品的"降维打击"。在产业发展初期，由于新技术昂贵，只有少数高端人士买得起跑车这类奢侈品；随着时间推移，单位成本逐步下降，公司将有机会面向大众人群推广性价比高的电动汽车。

2016年，马斯克再次发文，推出了《特斯拉宏图之第二篇章》。与2006年初创期不同，2016年的特斯拉已经上市，并已在当年3月正式推出大众化产品（Model 3）。这家电动汽车公司实现了十年前"吹过的牛"——生产价格实惠的电动汽车。

如果一个人把十年前向所有人吹的牛几乎全部实现了，你不得不重视他接下来所说的话。在"第一篇章"发布的10年后，马斯克写下了公司的"第二篇章"。

任何成功的战略都由两部分组成，第一是准确的战略路径，第二是钢铁般的执行。公司品牌则是公司战略的外在表达。持续对外发布公开信，回顾公司的业绩，展望未来的方向，这会大大增强品牌的透明度，增强投资者和消费者对品牌的信任度。在商业历史上，还有两个知名的商业案例：一个是亚马逊每年发布的《致股东信》；另一个是巴菲特每年发布的《致股东信》。

在公司创立之初就想清楚公司的发展路径，并且写成长文挂在官网，这是马斯克运用第一性原理思考公司战略最生动的例子。

这两份"宏图篇章"让特斯拉有了清晰的故事线，不但体现了特斯拉的品牌自信，也因为一再兑现而持续为公司的品牌信誉增加分量。

写下公司战略规划长文最好的时间点是十年前，其次是现在。

第二节　为公司取一个有可能伟大的名字

以伟大科学家的名字为品牌加分

> 这家公司是以尼古拉·特斯拉的名字命名的，他是一位发明家，他来自欧洲的南斯拉夫地区，但他在很小的时候就搬到了美国，他是交流电的发明者，发现了很多磁学原理，他是一个伟大的人，一个伟大的发明家。所以公司以他的名字命名。
>
> ——2007年1月3日，马斯克参加《连线》（Wired Science）访谈

"我们最初并没有特斯拉汽车（Tesla Motors）这个名字。有个人在

萨克拉门托注册了这个名字。我们不得不花了 7.5 万美元从他那里买过来。他本来不想卖给我们，我派了公司最有耐心的一个人去他家门口，说服他把'特斯拉'卖给我们。"马斯克经过一番努力，才最终拿到了 Tesla Motors 这个名字。

公司的名字是品牌最重要的资产，它会影响所有人对这家公司的认知。公司的名字是一座桥梁，能够连接起品牌传播和产品销售这两项关键工作。

特斯拉没有沿用汽车行业以创始人命名公司的传统，而是选择了"特斯拉电动汽车公司"这个名字。

尼古拉·特斯拉是电力商业化的先驱，他在交流电、无线电、无线遥控、火花塞、X 光等领域都有重大贡献，被全世界尊敬为科技伟人。"特斯拉"这个名字就像一份宣言，让公司在品牌方面获得了多重优势：一是向尼古拉·特斯拉致敬；二是让人们能够直观地联想到这是一家专注于电力新能源汽车的公司；三是特斯拉本身的发音简洁优美。

可以说，特斯拉公司的颠覆性意义就体现在"特斯拉"这个名字上。马斯克借用科技伟人为公司代言，找到了特斯拉公司的"灵魂"和"文化"。从此，这家公司的根本气质就与特斯拉这位享誉全球的科学家紧密相连。这个人格化的名字和传奇化的标志极具象征意义。

好的品牌名背后一定有文化故事，需要找到人群中的"认知共识"，让大众的"认知共识"最终附着在自家品牌之上，让自家品牌实现"自我神化"。

使用一个简短而有力的公司名字

> 这就是目标。我们公司的"正式名称"实际上是美国太空探索技术公司（Space Exploration Technologies Corporation），SpaceX 是公司全称的缩写。
>
> ——2021 年 8 月 4 日，马斯克推特

> 我想出了这个名字（OpenAI）和概念，我们在湾区进行了很多次聚餐，参与者都是人工智能领域的领军人物。同时，我帮助招募了开放人工智能研究中心（以下简称 OpenAI）最初的团队。
>
> ——2023 年 4 月 16 日，马斯克接受福克斯新闻专访

> X 可以意味着任何事情，X 标志着宝藏的地方，X 标志着未知的地方。
>
> ——2023 年 6 月 3 日，马斯克接受新闻网站专访

2023 年 2 月，马斯克发文说："OpenAI 本来是一家开源、非营利性的公司，我给它起了这个名字，目的是制衡谷歌。但现在它已经变成一家由微软控制的闭源、追求利润的公司。"

很多人不知道，OpenAI 的公司名是马斯克想出来的。2015 年，马斯克和萨姆·奥尔特曼（Sam Altman）等科技领袖共同创立了 OpenAI 公司，但由于特斯拉的智能驾驶技术与 OpenAI 有潜在的利益冲突，马

斯克于 2018 年离开了 OpenAI 董事会。

2002 年 4 月，马斯克决定正式成立一家商业化的太空探索公司，他把已经招募好的团队召集起来，对他们说："我想开一家太空公司，如果你们想加入，那我们就开始干吧！"

但是，一个冗长的品牌名称会增加品牌传播的成本。因此，在绝大多数对外的场合中，马斯克简称这家公司为 SpaceX。

SpaceX 这个名称更简洁、更纯粹。它将这家航空航天探索公司的本质清晰地表达出来。SpaceX 要做的事业是空间探索，不论是火星还是更远的宇宙空间都充满了未知的可能性，X 就代表了数学中的未知变量。

有趣的是，马斯克似乎对"X"一直情有独钟，他的第一家创业公司（X.com）与之相关，他甚至给自己的一个儿子起名为——"X Æ A-Xii Musk"。

少就是多。在这个喧嚣的世界里，没有人会喜欢一个冗长、复杂的品牌名。一个简短有力的品牌名会更有传播力和生命力。

一个好使命会让你的公司变成明星运动队

> 我们今天的目标和十年前创立特斯拉时是一样的：尽快将大批电动汽车投入市场，加速向可持续交通工具的转化。
>
> ——2013 年 11 月 18 日，《特斯拉的使命》

马斯克有一句口头禅："加速世界向可持续能源的过渡。"几乎在每一次访谈中，这位科技狂人都会重复特斯拉的这一使命。经过近 20 年的努力，特斯拉的使命已经深入人心，得到了消费者、合作伙伴、投资者、媒体等各方的认可。

公司使命是公司战略故事的核心。公司使命往往只有一句话，但决定了公司这个故事的走向和结局。每一家公司只要存在，就一定有使命。好的使命让人一目了然，让员工、用户都知道公司要做什么。

2022年4月6日，马斯克在柏林工厂接受TED主席克里斯·安德森（Chris Andersen）专访时特别提到："特斯拉、Neuralink、无聊公司，它们本质上都是慈善机构，如果我们定义慈善是对人类的爱的话。"马斯克为旗下的每家公司，都从"对人类的爱"的角度，找到了公司的使命。

每一家公司只要存在，就一定有意义、有使命（哪怕很小）。正是因为有了这个使命，公司才能从众多选择中选出那条即便艰难，但正确的路，并能够坚持走下去。

在某种程度上，一个好的使命会让一家公司变成一支受人追捧的"运动球队"。不仅"队内球员"会受到使命的激励努力工作，很多外部"球迷"也会暗中支持。人们喜欢一支体育球队、一位体育明星，正是因为球迷把自己的某种愿望投射到了这支球队、这位明星身上。

人们会对这支球队和这位明星感同身受，在某种程度上，他们就是自己的另一种可能性，我们为球队的成功感到欢喜，为球队的失败感到遗憾。

有一位名为杰罗姆·伊迪（Jerome Eady）的粉丝在2022年12月28日向美国监管部门提交了商标申请，但根据文件，该商标实际上属于特斯拉。在申请书中，杰罗姆·伊迪打算将商标用于"飞机发动机""船只发动机"，暗示着将为飞机、船只等制造电动马达。

杰罗姆·伊迪表示，他之所以为特斯拉注册飞机和船只的商标，是因为此前马斯克说过特斯拉电动皮卡（以下简称Cybertruck）可以被短暂地当作一艘船，因此出于对特斯拉的热爱，他就主动提出了飞机和船只的商标申请。

如果仅仅是出于对产品的热爱，你很难相信一位粉丝会愿意主动帮助一家车企注册商标。这样的"极端"支持行为，一定是出于对这家公司的认同。

向行业免费开源所有专利，践行使命

> 就在昨天，特斯拉专利还被封闭在我们位于帕洛阿尔托的总部内。从今以后，这种局面将不复存在。我们本着开源运动的精神，开放了我们的专利，目的是推动电动汽车技术的进步。
>
> ——2014年6月12日，《我们的所有专利都属于你》

> 当我们的竞争对手每次都为电动汽车做广告时，我们的销售额就会上升。这很有趣。我们有开源的专利，所以他们可以免费使用我们的专利。你知道，帮助别人，我认为这是一件共同繁荣的事情，这是好事。
>
> ——2022年8月4日，马斯克在特斯拉股东大会上的发言

2014年6月，马斯克对市面上销售的汽车只有不到1%使用电池驱动感到失望，于是他决定开放特斯拉专利，希望激励竞争对手加速发展。

在科技行业，专利往往代表着一家公司的竞争力和"护城河"。马斯克却决定"打开城门"，主动向行业开源特斯拉的专利。

面对行业发展缓慢的现实，马斯克意识到，只有先将"蛋糕"做大，特斯拉才有进一步发展的机会和条件，就像他自己说的："帮助别人，

我认为这是一件共同繁荣的事情，这是好事。"

为了更好地实现其使命，特斯拉公开了其电动汽车专利。这样，竞争对手就可以借鉴他们的想法并加入可持续发展革命。

可以说，特斯拉公开专利，既是一次营销妙招，又是一次品牌升级，更是一次标准制定。但无论主观还是客观，特斯拉都在用这一举动，践行着加速世界向可持续能源转化的使命。

对于一个品牌的使命来说，开源专利，确实是做到了知行合一，值得敬佩。

用一个简短、有力的愿景凝聚士气

SpaceX 的宏伟蓝图是推进太空技术，使人类成为一个多行星物种，最终成为太空文明，让我们在科幻小说中读到的东西成真。

——2021 年 11 月，马斯克参加美国国家科学院空间研究委员会和物理与天文学委员会远程联席会议

阻碍人类成为多行星物种的根本原因在于成本。这就是我为什么要成立 SpaceX 的原因，我们的目标是成为太空领域的西南航空，没有根本性的难题，我们可以将发射成本降低到十分之一。

——2005 年 5 月 20 日，马斯克出席第 24 届国际空间发展会议（以下简称 ISDC 大会）

2002 年 2 月底，马斯克前往俄罗斯，他想从俄罗斯人手中购买弹

道导弹，用来发射火箭到火星。面对俄罗斯人开出的"天价"，马斯克气愤地离开了谈判桌，登上了回美国的飞机。

与马斯克同行的两位友人在飞机上开始喝酒庆祝，他们觉得俄罗斯人终于让马斯克清醒了一下，放弃了太空梦。马斯克则坐在他们前面一排，皱着眉头，在电脑前敲打着什么。两人心想："他现在还能干吗？"

马斯克突然转过身来，向他们展示了他制作的电子表格，并直截了当地说："兄弟们，我觉得我们可以自己造火箭。"马斯克在电脑上清楚地列出了制造、装配和发射一枚火箭所需的所有成本。

马斯克意识到，限制人类太空事业的主要瓶颈是成本。他果断地将SpaceX初期的愿景定位为：成为太空领域的西南航空，将发射成本降低到十分之一。

愿景，是公司追求的终极状态、完美状态。愿景，也是揭示公司的品牌故事最终走向的最大的线索、最好的风向标。一个宏大的愿景本身就是一种强大的竞争力。

阿根廷诗人博尔赫斯曾表示，任何命运，无论如何漫长复杂，实际上只反映于一个瞬间：那就是他大彻大悟自己究竟是谁的瞬间。人是如此，公司亦然。一个简洁、有力的愿景会直观地展现出一家公司的自我定位，也会驱动公司全员朝着这样一个伟大目标努力奋进。

将业务密码植入品牌Logo，打造品牌超级符号

SpaceX的Logo看上去像火箭弹道；特斯拉Logo与SpaceX类似，"T"就像是电动机的横截面。

——2017年1月20日，马斯克在推特上回答网友

> X 的俯冲代表火箭进入轨道的弧线。
>
> ——2022 年 8 月 29 日，马斯克在推特上回答网友

2015 年 12 月 22 日，SpaceX 的猎鹰 9 号火箭将 11 颗通信卫星送入轨道后，成功地将一级火箭回收到地面，创造了人类太空史上的第一次。这次发射任务的火箭轨迹震撼人心，延时摄影显示出了其与 SpaceX 的 Logo 中的"X"相似的形状。

马斯克的每一家公司的 Logo 设计都有着自己的特色和故事，但也都遵循着三个原则：第一，Logo 暗含公司核心业务；第二，Logo 直接围绕公司英文名进行设计；第三，Logo 颜色高度贴合公司品牌主色调。

SpaceX 是一家致力于实现太空探索的航天公司。它的 Logo 看上去像一个 X，但其实是一个火箭弹道的形状。火箭弹道是指火箭从地面升空后，为了进入预定轨道而飞出的一条弧线。SpaceX 的 Logo 就是用这条弧线来表达它的火箭技术和太空使命。SpaceX 的 Logo 颜色是太空蓝色，寓意着它对无限广阔的太空的向往和探索。

特斯拉是一家生产高性能和环保的电动汽车的公司。它的 Logo 看上去像一个 T，但其实是一个电动机的横截面。电动机是特斯拉汽车的核心部件，它可以将电能转化为机械能，驱动汽车运行。特斯拉的 Logo 就是用这个横截面来表达它的电动汽车技术和可持续能源理念。特斯拉的 Logo 颜色是红色，寓意着它对创新和变革的热情与决心。

马斯克旗下公司的 Logo 设计方法，虽然简单而直接，但也非常有效和有力。它让用户一眼就能看出公司的名称和业务，也让用户感受到公司的品牌形象和文化气质。它让公司的名称和 Logo 形成一个不可分割的整体，也让公司的品牌更加鲜明和突出。

在为产品起名时，不妨从公司的核心业务中寻找灵感，是否有一些可以用图形或符号来表示的概念。或许用这些图形或符号来构成并补充公司名称，就是最适合新产品的 Logo。

第三节　核心产品命名背后的故事设计

特斯拉系列车型命名很"SEXY"

> 显而易见，Model 3 本计划被叫作"Model E"，但是福特公司起诉（特斯拉）不允许使用这个名字，因此现在是"S3X"，有些不太一样。
>
> ——2017 年 3 月 24 日，马斯克推特

> 我们有 S、X，现在有……3，所以，你们想怎么用字母组合……就随便吧。
>
> ——2017 年 7 月 29 日，Model 3 交付仪式

2017 年 3 月，福特汽车公司向媒体通报："在 2010 年的一份合同中，特斯拉同意不登记、不使用 Model E 商标。但后来特斯拉登记了 Model E 商标，福特坚决要求特斯拉遵守双方此前的协议。此事已经解决。"

这条新闻爆出后，人们发现，马斯克原来是想打造"性感"的产品组合（SEXY）。实际上从 2012 年特斯拉开始交付 Model S 车型开始，马斯克就已经在悄悄设计车型组合（SEXY）。他希望通过这种方式，向世人展示：电动车不仅是为了环保，它们本身也是性感的。

从此，"SEXY"也变成了特斯拉所独有的一种品牌符号。2020年，为了嘲讽做空特斯拉的投资客，马斯克甚至还推出过印有"S3XY"的红色短裤。当这些短裤在特斯拉官网上线时，网站因购买流量过大而一度崩溃。

对于任何一家公司来说，品牌的核心价值有二：一为"传我美名"，二为"买我产品"，对于上市公司来说，可能还有"买我股票"。核心产品的名字非常重要，最好能够让人既可快速记住，又能直接联想到功能。对于一家车企来说，汽车产品的命名至关重要。

很少有人能够记住一家车企旗下众多的产品品牌，特斯拉却用"S3XY"这个朗朗上口的品牌组合名，以一种创意十足的方式，最大程度上降低了用户的记忆成本，让产品品牌在众多竞品之中快速占领用户的认知心智，脱颖而出。

借用航天命名

> 禁用特斯拉的自动辅助驾驶系统（以下简称 Autopilot），并不比禁止飞机的自动驾驶仪功能更有道理，而我们的系统也正是借用了飞机自动驾驶仪（Autopilot）的名称。
>
> ——2016年7月21日，《特斯拉宏图之第二篇章》

科技产品的名字往往决定了它的第一印象和认知效果。如果名字太过晦涩，会让用户难以理解和记忆，降低了产品的吸引力和影响力。如果名字太过平淡，会让用户缺乏兴趣和好奇心，失去了产品的个性和特色。

特斯拉最初将其自动驾驶系统称为"高级驾驶辅助"项目，但这个名字太过冗长和技术化，不利于用户的理解和接受。于是，马斯克决定将其改为自动辅助驾驶系统（Autopilot）。这个名字来自航空领域，指的是一种可以自动控制飞机飞行的系统。马斯克认为，这个名字可以让用户一下子明白特斯拉汽车的自动驾驶功能，并且激发用户的兴趣和信任。

当然，Autopilot 并不意味着用户可以完全放手不管汽车，而是需要在一定条件下才能启用，并且需要随时监控汽车的状态。特斯拉在发布 Autopilot 时也明确说明了这一点。

Autopilot 这个名字让特斯拉在自动驾驶领域占据了先机和优势，它展示了特斯拉的技术实力和创新精神。而其他公司也在学习特斯拉的命名方式，为自己的自动驾驶系统取一些类似于"X-Pilot"之类的名字，但已经没有了 Autopilot 那样的独创性。

在为科技产品起名时，不妨从一些相关或相似的领域中寻找灵感，是否有已经被人们所熟知和理解的概念。或许对这个概念稍作改动或借鉴，就是最适合我们新产品的名字。

特斯拉的超级工厂（以下简称Gigafactory）命名"极佳"

> 我们的最终计划可能会建造至少 10 或 12 座工厂，它们将是真正的超级工厂，目标是每个工厂平均年产能达到 150 万至 200 万辆，这是非常巨大的规模。
>
> ——2022 年 8 月 4 日，马斯克在特斯拉股东大会上的发言

"Giga"是什么？Giga 一词源于计量单位，表示"十亿"。在特斯拉，Giga 也是硅谷精神的全球化表达，代表着特斯拉改

变数十亿人出行方式的决心。

在特斯拉上海超级工厂，Giga 又被称为"极佳"，从第一性原理出发，追溯制造源头，通过创新提高生产效率，推广绿色出行，不固守行业认为的"最佳"答案，一直走在追寻"极佳"的路上。这就是 Giga 定律。

——2021 年 12 月 23 日，特斯拉官网

以下是特斯拉的部分工厂命名情况：
Gigafactory 1，官方命名为内华达超级工厂（Giga Nevada）；
Gigafactory 2，官方命名为纽约超级工厂（Giga NewYork）；
Gigafactory 3，官方命名为上海超级工厂（Giga Shanghai）；
Gigafactory 4，官方命名为柏林超级工厂（Giga Berlin）；
Gigafactory 5，官方命名为得州奥斯汀超级工厂（Giga Texas）。

特斯拉将自己的工厂称为"超级工厂"。"Giga"是一个表示"十亿"的词缀，意味着特斯拉的工厂有着巨大的生产规模和能力。而在中国，特斯拉将其翻译为"极佳"，寓意着特斯拉的工厂有着极佳的品质和水平。

马斯克对工厂的重视不亚于对汽车的重视。他认为工厂本身就是一种产品，需要不断改进和优化。他甚至说过："制造出一台好车比制造出一座好工厂更容易。"他希望通过超级工厂来降低生产成本，提高生产效率，实现规模化和标准化。

特斯拉的超级工厂不仅是一个生产基地，也是一个品牌符号。它展示了特斯拉的技术实力和行业领先地位。这也是马斯克用第一性原理建设品牌的又一力证。

工厂对特斯拉来说，是一个非常特殊的存在，它既直接决定了这家

汽车公司整体的生产效率，又是公司代表行业先进生产力的直接象征。此外，特斯拉的核心发布会一般会直接选择在超级工厂举办，特斯拉的年度股东大会同样会选择在超级工厂举办。

可以说，满眼皆是如变形金刚一般的制造机器的超级工厂，是特斯拉这家智能汽车公司的最佳代言。从马斯克个人形象出发，对于"钢铁侠"来说，工厂同样非常重要。

特斯拉为超级工厂命名遵循着三个原则：第一，从工厂自身超强生产力角度选择名称，最终使用了Giga这个代表"十亿"的词缀；第二，一旦命名确定，每一家工厂都以统一的范式规则来命名，整齐划一；第三，在不同市场，对原有品牌名进行特色解读，Giga在中国就被翻译为"极佳"。

从第一性原理出发，企业需要找到对自身最重要的场所、产品，为其设计"极佳"的名字。对于企业内的任何品牌命名，都需要深思熟虑。

SpaceX产品体系里的粉丝情怀

> 这是猎鹰1号（Falcon1），它以《星球大战》中的千年隼号命名。
>
> ——2008年12月6日，马斯克在好莱坞假日派对上发表演讲

> 为什么一个推进器叫"猎鹰"，另一个叫"龙"？猎鹰取自《星球大战》中，十二个秒差距就能完成科舍尔航程的"千年隼"。龙其实是取自《魔法龙帕夫》。
>
> ——2008年9月8日，马斯克参加谷歌思潮活动

第二章 赋予你的公司一个伟大故事

2008年9月28日,SpaceX的猎鹰1号(Falcon1)火箭成功进入地球轨道,这是第一枚由私营公司研发的液态轨道火箭。猎鹰1号后面的数字1表示它有一个一级发动机[1]。

猎鹰这个名字来自《星球大战》中最著名的飞船:千年隼号(Millennium Falcon)。马斯克是《星球大战》的忠实粉丝,他用这个名字向这部经典科幻电影致敬。

龙飞船是SpaceX开发的一款可重复使用的货运和载人飞船,它是第一款由民营公司开发并成功返回地球的宇宙飞船。龙飞船的名字来源于一首美国民谣歌曲《魔法龙帕夫》(*Puff the Magic Dragon*)。这首歌讲述了一个小男孩和一条神奇的龙在海边玩耍的故事,充满了童趣和想象力。

SpaceX开发了一系列先进的火箭和飞船,它们的名字都有着富有意义和趣味的故事。它们反映了马斯克的品位和个性,也展现了SpaceX的品牌理念和文化。

在商业竞争中,有故事感的品牌设计会让品牌更具吸引力和影响力。但要做到这一点并不容易,需要品牌团队有广博的知识和敏锐的洞察力,能够找到与品牌匹配的文化素材,并巧妙地融入产品中。选择某一类象征名词来定义一类产品,既方便对外传播,极大降低传播成本,同时又能够在内部有清晰明确的产品定位。

不论是最核心的产品命名、系统命名,还是工厂命名,都需从全局

---

[1] SpaceX后来推出了更强大的猎鹰9号(Falcon9)火箭,它有九个一级发动机,可以重复使用,大大降低了成本。猎鹰9号火箭可以将货物和人员送入太空,也可以将卫星送入轨道。

层面去设计"故事感"。魔鬼都藏在细节中，一家公司的任何一个品牌命名决定，最终都会被嵌入公司这个大故事之中。优秀的品牌命名往往自成体系、妙趣横生。

第四节　最后，为品牌故事注入一些浪漫

当然，我依旧爱你

——2019年2月14日，马斯克推特

2016年4月9日凌晨，SpaceX创造了历史。它的猎鹰9号火箭成功将货物送入太空后，第一级火箭垂直降落在大西洋上一个名为"当然，我依旧爱你"（Of Course I Still Love You）的海上平台上。这是人类首次在海上回收火箭，也是SpaceX经过四次失败后的第五次尝试。

"当然，我依旧爱你"（Of Course I Still Love You）这个名字听起

来很温馨,也很有趣。它其实是来自一本科幻小说《玩家》(Player of Games)中的一个超级智能飞船的名字。

马斯克用这些富有文化内涵和幽默感的名字,向全世界展示了他对航天事业的热爱和执着。他似乎在说:"是的,我知道这很难,我知道我可能会失败,但我不会放弃。当然,我依旧爱你。"而有人文格调的品牌设计会让品牌更具吸引力和影响力。一项对千人进行的调研发现,在同类品牌中,80%的消费者更喜欢有幽默感的品牌。

这样的品牌设计让人印象深刻,让SpaceX不仅仅是一个冷冰冰的技术公司,而是一个有情感、有故事、有梦想的品牌。它让消费者和公众能够更容易地理解和支持SpaceX的使命和愿景。航天事业不再遥不可及,而是充满了人性和趣味。

不要恐慌

——2018年9月28日,马斯克推特

(图为正在"飞向火星"的特斯拉Roadster跑车)

2018 年 2 月 6 日，马斯克用一次惊天动地的品牌活动，向全世界展示了特斯拉和 SpaceX 的魅力。他将一辆红色特斯拉 Roadster 跑车装载在 SpaceX 的猎鹰重型火箭上，成功将它发射到了太空轨道，朝着火星的方向飞去。

跑车里坐着一个穿着太空服的假人，名叫"星际飞行员"。仪表盘上写着"不要恐慌"（Don't Panic），这句话出自科幻小说《银河系漫游指南》（*The Hitchhiker's Guide to the Galaxy*）。在这部小说中所提到的《银河系漫游指南》的电子书封面上显示的正是这句话。这本书讲述了一个地球人在地球毁灭后与外星人一起探索宇宙的故事。

除了这句忠告，马斯克还在跑车里放了一条毛巾。这也是《银河系漫游指南》中强调的一个重要物品。

马斯克用这些彩蛋，向全世界表达了他对科幻、对探索、对未来的热爱和憧憬。他也向全世界展示了他的品牌理念和个性魅力。

源于地球，人类制造

——2018年2月7日，马斯克推特

猎鹰重型火箭将一辆红色特斯拉跑车送入太空，这已经足够震撼人心。但这辆跑车上还有许多隐藏的彩蛋。

首先，跑车里一直循环播放着大卫·鲍伊的名曲《太空怪人》(Space Oddity)。这首歌诞生于1969年，正是人类首次登月的那一年。歌词中有这样一句："虽已走了十万千米，但我仍镇定自若，我想我的飞船知晓路线。"这仿佛是马斯克对自己和特斯拉的信心和期许。

其次，马斯克还将阿西莫夫的科幻经典《银河帝国：基地》三部曲的微缩版藏在了跑车里。这部小说被誉为"史上最佳科幻小说系列"，描绘了一个宏大而悲壮的未来。马斯克曾说过，他从这部小说中得到了很多启发和灵感。

最后，马斯克在发射后的第二天在推特上透露了一个感人的彩蛋。那就是跑车的电路板上刻着一句话——"源于地球，人类制造"（Made on Earth by humans）。这句话不仅是对特斯拉和SpaceX团队的致敬，也是对全人类的鼓舞。它表明了马斯克的愿景和使命，就是要让人类成为一个多行星物种，探索宇宙的奥秘。

这辆跑车将在太空飘荡10亿年，或许有一天会遇到外星生命。届时，它将向他们展示人类文明的精华——科学与艺术，以及特斯拉的品牌。马斯克用这样一种创意和浪漫的方式，为自己的品牌打造了一个永恒的传奇。

本章回顾
如何讲述伟大的公司故事

┆ 找回"发愿时刻"。

　　发愿时刻即是创始人发现了一个秘密，决定成立一家公司来为社会创造价值的那一刻。这一刻将决定这家公司的品牌 DNA，也将影响这家公司的文化和战略。要找回这一刻，可以去寻找：创始人发现了什么秘密，他想解决什么问题。

┆ 为公司取一个有可能伟大的名字。

　　为公司选择一个能够反映其核心业务和特色的名字，同时又能够引起用户好奇心的名字。要取一个好名字，最好能够做到：名字简洁易记、名字有文化内涵和故事感、名字有足够的辨识度。

┆ 将公司的秘密宏图公告天下。

　　为公司制定一个清晰具体的战略宏图，展示其未来的发展路径和目标，并向全世界宣布其愿景和使命。要制定一个好的战略宏图，需要考虑以下三个问题：你想在哪些领域和市场发展？你想用什么样的产品和服务满足用户的需求？你想如何与竞争对手区分和竞争？

> 公司使命是公司战略故事的外显化表达。

公司使命虽然只有一句话，但能高度概括公司存在的意义和价值，表达其对社会和世界的贡献和影响。制定一个好的使命，需要考虑三个问题：你想为谁服务？你想提供什么样的价值？你想实现什么样的效果？

> 愿景让每一个员工知道自己是谁。

用一句话描述公司理想中的未来状态，激励员工为之奋斗和努力。要制定一个好的愿景，需要考虑以下两个问题：品牌想要拥有什么样的特质和优势？品牌想达到什么样的水平和规模？

> 尝试为所有品牌命名嵌入符合公司调性的故事。

为公司的各种产品、系统、工厂等命名时，要与公司的名称、业务、文化等保持一致和协调，同时要有趣味性和故事性，让用户和公众能够更容易理解和记忆。要做到这一点，需要考虑三个因素：命名是否与公司名称相关联，命名是否与产品功能或特点相符，命名是否有文化或行业背景。

> 尝试为品牌注入一些浪漫色彩。

在品牌设计中加入一些富有情感和创意的元素，让品牌更具有人性化和亲近感，让用户和公众更容易产生共鸣和喜爱。要做到这一点，需要考虑三个因素：品牌是否有自己的故事和情感，品牌是否有自己的个性和风格，品牌是否有自己的幽默感和浪漫感。

第三章
像马斯克一样,勇做"钢铁侠"

第三章 像马斯克一样，勇做"钢铁侠"

创业是一场需要勇气以及付出巨大代价的冒险。每一位创始人都要面对无数的风险和挑战，甚至有时要赌上自己的一切。但也正是这些冒险和挑战，最终塑造了创始人的独特品牌。

2019年的一项调查显示，超过一半的Model 3买家表示，他们对马斯克的看法影响了他们的购买决定。马斯克的每一家公司都有着宏大的愿景和创新的产品，也都有着他的个人印记和故事。

1999年，28岁的马斯克通过出售自己创办的Zip2公司，成了千万富翁。在这一年的一个早晨，在电视台摄像机的跟随下，马斯克接收了他刚刚购买的迈凯伦汽车（Mclaren F1）。他对着镜头自豪地说："世界上只有62辆迈凯伦，而我拥有其中一辆。"

这一幕让人看到了马斯克最初的成功和骄傲，也让人看到了马斯克在早年就对个人品牌高度重视。马斯克主动将自己的生活和想法公开给媒体和公众，让自己变成一个备受关注和充满话题的人物。

马斯克的个人形象与他所创立的公司紧密相连，也与他所崇拜的科幻作品遥相呼应。美国心理和流行文化研究媒体曾经做过一个有趣的研究，将现实中的马斯克和漫威世界中的钢铁侠进行了比较。最后得出结论：马斯克就是真实世界里的钢铁侠!

是的,马斯克与钢铁侠有着许多相似之处:他们都是富有和聪明的发明家,他们都有自己的火箭和汽车,他们甚至也都有丰富多彩的感情生活。马斯克还曾在电影《钢铁侠2》中客串过一个角色,并在电影中与钢铁侠托尼·斯塔克握手。

马斯克一直在用自己的行动和言论塑造着自己"当代钢铁侠"的品牌形象,也一直在用自己的个人品牌形象来推动旗下各家公司的发展。创始人的个人品牌是他们创业的名片和标签,也是他们吸引关注的核心竞争力。一个有着独特个人品牌的创始人,不仅能够为自己的公司赋予一个独特的形象和风格,也能够为自己的个人影响力赋予一个独特的价值和意义。

无论是在戏里还是戏外,马斯克所扮演的一直都是最真实的自己。马斯克用自己的故事来吸引用户和公众,也用自己的技术和创新来赢得用户的信任与支持。他用个性和风格来区分其他的品牌,也用幽默和浪漫来维持自己的品牌魅力。

品牌创始人天然就具备一定的传奇性和影响力。创始人是公司故事中的绝对主角,也是公司品牌中最重要的资产。创始人的个人经历、工作风格、生活习惯等,都会影响公司的品牌基因和文化气质。

第一节　马斯克的履历，就是一部励志剧

用个人使命明确人生方向

> 我上大学时想："在宏观层面上，最有可能影响人类未来的事物是什么？"似乎应该包括互联网、可持续能源、将生命送到其他星球上、遗传学和人工智能。我考虑了一下前三个，如果在这三个领域钻研，结果应该都是比较好的，后两个更冒险一些。
>
> ——2015年10月7日，马斯克出席
> 斯坦福科技创业计划未来节

"你想过关于电动汽车的问题吗？"在大学搭讪女生时，马斯克往往以这句话作为开场白。可想而知，女生们一般不会搭理这样的"技术狂人"。

马斯克的大学同学任宇翔[①]曾回忆："那时有很多人觉得他的很多想法不切实际、天马行空，因此可能觉得这个人今后做不了什么实际的事情。马斯克大学时期就一直说要造电动车。他身上有绝对的跨界风格，既有商业头脑又有科技头脑，他也一直在关注这个行业的变化。他是一个非常有远见的人，因为他当时（20世纪90年代初）就看到了电动车会逐渐取代燃油车的大趋势。"

不论是与同学沟通，还是面对恋爱对象，马斯克这位"技术狂人"一直在思考着"电动车"的未来。马斯克的创业历程发源于他大学时期

---

① 任宇翔曾任特斯拉的华人高管，也是特斯拉上海工厂的推动者。

对人类终极关怀的思考。他意识到,对人类的未来真正有影响力的行业是互联网、可持续能源、多行星生存、生物科学与人工智能。他的创业路径也神奇地遵循着这五个大方向,依次打开,逐个击破。

马斯克也深知,对外讲述这些早年的故事对个人品牌的价值。这些最初的故事,也在关于马斯克的书籍、演讲、报告中一次又一次被谈及、巩固和加强,最终与特斯拉和SpaceX的故事融为一体。

公司的使命往往直接来自创始人的个人使命。挖掘创始人在青年时期对个人使命的探寻过程非常重要,而从亲历者、旁观者的角度去讲述这些故事的细节,则会让故事显得更加生动和真实。每一位创始人都需要一个"英雄母题"。

讲述这类"英雄母题"故事有三个参考点:第一,创始人的使命一般源自其青年时期的深度思考,要复原当时的情景和细节;第二,故事要连接起创始人和公司的使命关系,证明创始人的个人使命与公司使命的传承关系;第三,最好由创始人的亲朋好友从第三方视角讲述,这样会显得更真实可信。

用终极愿景在每个凌晨叫醒自己

> 前往火星是一种防御性的观点,还有一种或许可以被称为激励性的观点,或者说令人兴奋的事情,在火星上建一座城市,将是一场不可思议的冒险。人生中要有让人激动和鼓舞人心的事情来在每个凌晨叫醒自己。
>
> ——2015年4月25日,马斯克接受"杨澜访谈录"专访

在未来,有令人兴奋和鼓舞人心的东西是非常重要的,否

则，每天早上我们为什么要起床呢？如果每天都只是一个又一个难题而没有伟大的目标，那样的人生是不值得活下去的。

——2015年10月7日，马斯克与史蒂夫·尤尔维松在斯坦福未来峰会（Future Fest）上对话

马斯克在公开场合经常穿着一件印有"占领火星"（Occupy Mars）的T恤。这不仅仅是一件衣服，也是一种宣言和态度。马斯克的每一家公司都是为了实现他对人类未来的愿景和使命，而这些愿景和使命，都可以用一个词来概括：火星。

马斯克认为火星是人类最适合的第二个家园，也是人类探索太空的跳板。他的终极目标是让人类在火星上建立一个自给自足的文明。马斯克认为，人类必须成为一个多行星生存的物种，才能够保证自己的长期生存和发展。

从马斯洛需求层次角度分析，对于已经数次创业成功的企业家来说，只有"自我实现"还有激励自己奋斗的作用了。而马斯克为自己找到的"自我实现"目标是：带领人类占领火星，让人类成为多行星生存的物种。

这样的愿景目标，直接树立起了马斯克这位"钢铁侠"超凡脱俗的人生格局，更是直接表达了SpaceX这家公司的终极愿景。如果说个人使命是为创始人指明了人生路标，个人愿景则是创始人希望到达的最终目的地。一个足够清晰和伟大的愿景，能够帮助创始人和一家公司走得更远。

创始人的愿景是他（她）创业的初衷和动力，也是他（她）吸引团队、客户和投资者的核心竞争力。一个有着强烈愿景的创始人，不仅能够为自己的公司设定远大的目标，也能够为自己的个人品牌赋予独特的

价值和意义。

从打造创始人愿景的角度,需要关注三点:第一,创始人的愿景同样应该出自对人类的大爱;第二,找到公司愿景与创始人个人愿景的"最大公约数",马斯克的个人愿景与 SpaceX 的公司愿景在本质上是一致的;第三,如果创始人能够在不同场合阐述其对这一愿景的理解和深信不疑,则会事半功倍。

创业就是吃着玻璃,凝视深渊

> 我们发现,在硅谷,一间办公室实际上比一套公寓便宜。所以我们找到了一间屋顶漏水的小办公室,那可能是你能想象到的最肮脏的地方。
>
> ——1998 年 11 月 22 日,马斯克接受美国哥伦比亚电视台(以下简称 CBS)记者丽塔·布瑞尔(Rita Braver)采访

> 我认为我比地球上的任何人,都要更了解制造业;我在弗里蒙特和内华达的工厂住了整整三年,在那里修理生产线。我跑遍了工厂的每一个角落。我和处在困难时期的团队住在一起,他们可以看到我睡在地板上。我并没有活在象牙塔里面。无论他们经历过什么困难,我都要比他们承受得更多。
>
> ——2022 年 4 月 16 日,马斯克在 TED 上与克里斯·安德森(Chris Anderson)谈话

在电影《钢铁侠》中，主角托尼·斯塔克的心脏被碎片插入，生命垂危。但他没有放弃，利用自己的知识和技能制造了一套"动力铠甲"。这次危机中，他不仅救了自己，也让自己成了一个超级英雄。

与电影中的超级英雄类似，马斯克在创业过程中也经历了多次生死时刻，比如在2008年，特斯拉和SpaceX都面临着资金枯竭和倒闭的危机，马斯克不得不将自己几乎所有的财产投入这两家公司中，才勉强渡过难关。

马斯克曾直言："创业就是一边咀嚼玻璃，一边凝视深渊。"这句话形象地描述了创业的艰辛和危险。每一位创始人都要面对无数的困难和风险，甚至有时要与死神搏斗。但也正是这些危机，激发了创始人的创造力和毅力，让他们设计并制造出了真正改变世界的产品。

马斯克在面对危机时从不放弃，而是动手解决一个又一个问题，直到黎明的曙光真正到来。每一位创始人的创业过程一定充满着失败、痛苦和迷茫，成功的瞬间让人艳羡，但奋斗的过程才真正值得尊重。

"当你在凝视深渊时，深渊也在凝视着你。"讲述创业过程中的艰难险阻，更能彰显创始人百折不挠的奋斗精神。正是由于这些艰难困苦的存在，才让创始人最终的成功更显珍贵。

因此，每家企业都不妨挖掘创始人在创业过程中最狼狈、最凶险的时刻，叙述在这样的过程中，创始人的所思、所想和所为。这其中，一定有最有传播价值的素材，能够变成公司的品牌故事、文化故事。

为自己的使命和愿景勇敢下注

1995年的那个夏天，互联网似乎要对人类产生巨大影响了。我想，我可以研究电动汽车科技，继续在斯坦福读博士，眼看着互联网日益壮大，或者暂缓求学的脚步，成为互联网的一部分。

——2014年4月22日，马斯克接受《财新时间》专访

PayPal被收购时，我的税后收益大约是1.8亿美元。我给SpaceX投资了1亿美元，给特斯拉投资了7000万美元，给太阳城投资了3000万美元，然后我连房租都要借钱交了。

——2012年7月12日，马斯克参加互联网谈话节目

马斯克喜欢下注，下重注。有两次下注，尤其让人印象深刻。

第一次是马斯克决定退学创业。马斯克在大学毕业时欠下了大约10万美元的学生贷款，他本来打算去斯坦福大学攻读研究生，但开始于1995年的互联网浪潮让他决定搁置计划，开始创业。这是一个艰难的决定，因为他放弃了稳定，投身到一个充满不确定性和竞争的领域。但这也是一个明智的选择，因为他抓住了一个千载难逢的机会，通过创办Zip2和Paypal两家公司，他顺利赚取了人生的前两桶金。

第二次是马斯克拿出所有财富投资SpaceX和特斯拉。在成功实现财富自由之后，马斯克马上将绝大部分钱投入到了SpaceX和特斯拉这两家极具风险的公司之中。这是一个疯狂的选择，因为他冒着失去一切的风险，投身到两个高成本、高难度、高不确定性的领域。

马斯克曾经表示："如果你不失败，那么你就没有足够的创新。"他在创业过程中，经历了无数次的失败和危机，但他从不放弃，而是从中学习和成长。

《彭博商业周刊》曾这样评价："马斯克是个连上帝都不愿意等待

的人。他有着自己的追求和精神领空，在他的世界中，所有人必须无条件配合他，拖慢节奏的都是他前进路上的障碍物，必除之而后快。"

《硅谷钢铁侠：埃隆·马斯克》的作者曾经开玩笑称："除非制造出金钱粉碎机，马斯克再也找不到一个更快的方法来毁灭自己的财富。"梦想从不只是说说而已，而是需要付出真金白银的代价。为了最初的创业，马斯克放弃了令常人艳羡的斯坦福博士学位；为了实现自己的航天和新能源理想，马斯克放弃了辛苦创业所获取的亿万身家。

每一位创业者都是"赌徒"，他们愿意为了个人使命和愿景下重注。如果仔细发掘，一定能够在创始人的创业历程中，发现有关"勇气"的故事。勇敢下注，是每一位创始人成功的必要条件。创始人所承受的潜在"机会成本"有多大，他（她）的格局就有多大。

记住，失败有时让你更伟大

> 2002年，为了解决太空运输问题，我成立了SpaceX。当时跟我谈过的人都劝我不要做，有个朋友还特别去找了火箭爆炸的影片给我看。他其实也没错，我从来没做过实体的产品，所以一开始真的很困难，火箭连续发射失败了三次，非常煎熬。但我们从每次失败中学习，终于在2008年的第四次发射成功，让猎鹰1号进入地球轨道，那时我已经用光了所有资金。
>
> ——2014年5月16日，马斯克参加
> 南加利福尼亚大学毕业典礼演讲

2008年，SpaceX终于将猎鹰1号火箭成功送入轨道，正是由于这次成功发射，SpaceX获得了来自NASA价值16亿美元的商业合同。但

在这次成功发射之前，SpaceX已经连续三次失败，公司的所有资金加在一起，只能够支撑这最后一次发射。换句话说，SpaceX距离破产只差这一次发射失败。马斯克也曾多次坦言，特斯拉和SpaceX这两家公司中的任何一家成功的概率都低于10%。

创业是一场充满失败和挫折的冒险，甚至有时要与死神搏斗。但也正是这些失败和挫折，磨炼了创始人的意志和品格，让他们最终走向成功。马斯克从不吝于向外界讲述自己的失败故事，也从不因为失败而气馁。

讲述创始人在创业过程中遇到的失败和挑战，并不是为了博取同情或者炫耀，而是为了展现创始人的个性和品格，也为了展现创始人的愿景和使命。一个有失败经历但百折不挠的英雄，会显得更加有血有肉、令人敬佩。

但并不是所有的失败都能够成为品牌故事的素材，而是要符合一定的条件。这里需要注意两个细节：第一，"失败"的案例足够有挑战性，这才能够彰显创始人的孤勇者形象；第二，每一次"失败"都助力了最终的成功。因为只有这样的失败故事，才会让最后的成功更加炫目多彩。

不妨去挖掘创始人在创业过程中最狼狈、最凶险的时刻，叙述在这样的过程中，创始人的所思、所想和所为。这其中，一定有最有传播价值的素材，能够变成公司的品牌故事、文化故事。

第二节 本质上，我是一个工程师

将80%的时间花在工程和设计上

> 很多人认为我会花很多时间在媒体或者一些商业活动上，但实际上绝大多数时间（80%的时间）是花在工程和设计上（engineering and design），比如说开发下一代的产品。
>
> ——2012年3月26日，马斯克接受《福布斯》专访

> 如果我说了算，我会把所有时间都花在工程方面，做设计以及测试不同的想法。但我得做很多组织管理工作，开财务会议，与投资人谈话。但我最喜欢的还是与我的工程师团队一起探讨新想法、尝试新事物。
>
> ——2010年1月22日，马斯克出席航空界传奇颁奖晚宴

2022年1月16日，当马斯克在美国特拉华州出席一场法律活动时，他这样描述自己的身份："在SpaceX，实际上是我负责火箭的工程，在特斯拉，我负责技术。CEO通常被视为有点以商业为重的角色，但实际上，我的角色更像是一个开发技术的工程师。"

这个世界过于嘈杂，每个人都身兼数职，但为了立住自己的人设，撑起个人品牌IP，每个创业者都需要为自己立住一个终极人设。马斯克有很多被人们熟知的身份：企业家、科技博主、爸爸。但马斯克自己最认同的身份是工程师。

从打造创始人个人品牌的角度，有必要从实际出发，进一步明确创始人"如假包换"的人设身份。而在操作层面，可关注四点：

第一，创始人自身高度认同这一人设，并愿意对外传播这一人设定位；

第二，支撑创始人这一人设的实际案例；

第三，从创始人自述、企业传播案例、第三方书籍文章等各个维度，持续打造和强化创始人的这一人设；

第四，在包装过程中，重点关注这一人设对公司核心业务推进的价值。

专注问题、寻找反馈、纠正错误假设

> 寻求所有方面的负面反馈，从客户那里，从还不是客户的人群那里，看看我们可以做点什么，我们怎么做才能让它变得更好？
>
> ——2020年12月9日，马斯克接受《华尔街日报》访谈

> 要一直征求批判性的反馈意见，尤其是朋友的反馈意见。因为一般情况下大家都在心里想，但不会主动告诉你。
>
> ——2013年3月9日，马斯克出席西南偏南大会

马斯克最初想把PayPal创建成一个金融服务集合体，将所有金融服务需求无缝整合并顺利运作。他和团队认为这样可以为用户提供更便捷和安全的支付体验，也可以为自己赢得更大的市场份额。

PayPal当时还有一个小功能就是通过电子邮件付款。用户只需要输入对方的电子邮件地址，就可以轻松地转账或收款。每当马斯克的团队向人们展示该系统时，他们都会展示其中复杂困难的部分，那就是金融

服务的集合体，因为整合金融服务很难做到。他们希望能够得到人们的认可和赞赏，结果却是人们对此毫不感兴趣。

后来，当马斯克开始向人们展示电子邮件付款，因为这个付款方式很容易，每个人都很感兴趣。马斯克意识到人们对于简单方便的支付方式更加看重，而不是复杂烦琐的金融服务。就这样，PayPal团队开始专注于电子邮件支付这项功能，把它做得更好、更快、更安全。

在2012年加州理工学院的毕业典礼致辞上，马斯克追忆这段经历："我们专注于电子邮件支付，并试图把它做好，这才是真正取得成功的关键所在。但是，如果我们没有回应人们的评价，那么我们可能就无法成功。因此，重要的是要寻找反馈，专注解决问题，并纠正先前的假设。"

在互联网、航天、智能汽车这样的行业进行创业，快速迭代与小步快跑式的前进机制必不可少。从消费者和客户那里所获得的反馈信息，不论是好消息还是坏消息，都是最有价值的信息，因为正是这些反馈信息，才让团队做出判断，快速优化产品。

努力榨干身边专家的知识库

> 我觉得要对所有领域有一个大致了解是很重要的。即使要做专才，也至少要精通两个领域，那样的话就可以把两个领域的知识相结合，这里面就蕴含大量机会。
>
> ——2015年10月22日，马斯克在清华大学接受钱颖一访谈

SpaceX的一位早期工程师曾回忆："我最开始以为他是在挑战我，看看我是否精通我所在领域的知识，后来我意识到他是在通过这种方法

努力学习新知识。"马斯克的这种榨取身边专家专业知识的方法，像极了金庸武侠小说中的"吸星大法"。

马斯克曾说："我认为最重要的是持续学习，而且你可以从任何人那里学到东西。"他也有着独特的学习方法，那就是向身边的专家提问和吸收。

马斯克所涉猎的行业跨度极大，又都充满了挑战性。他需要了解不同材料的化学成分，也需要了解不同材料背后的产业链情况。没有人有足够的经历学习一切，但不论是在SpaceX，还是在特斯拉，这里的工程师们都是本领域最顶尖的人才。

马斯克充分利用了自家公司中那些才华横溢的工程师们的智慧。公司的工程师就是马斯克的知识库，他会在工厂里抓住工程师，开始考问对方关于某种阀门或特殊材料的专业知识。他会一直问下去，直到他了解了约90%的知识。

在这样的对话中，马斯克既是老板，又是学生。员工一方面感受到了老板的压力，另一方面，也将毕生所学毫无保留地交给了眼前这位"特殊的学生"。

就这样，马斯克找到了除大量阅读之外的另一个快速学习新领域知识的方法：努力榨干身边顶尖专家的知识库。任何勇于创新，敢于突破的企业家往往都有着愿意向身边顶尖专家学习的习惯。通过这种方式，全世界都会变成企业家的"个人图书馆"。

洞悉大众对自己的恐惧，竭力避免

我们需要小心人工智能的到来，谁在使用它，谁在控制它，它会符合大众的最大利益吗？有时候当我一直看着每个人的手机时，我在想，谁是谁的主人？

——2022 年 3 月 26 日，马斯克接受施普林格（Springer）集团 CEO 访谈

一般说来，我们同意应该有一个监管机构，每当有什么东西对公众有风险的时候。汽车、飞机、食品、药品等都有监管机构。

没有人想废除联邦航空局，我们想让他们监督飞机。我们需要有人检查并确认飞机是安全的。因此，我们似乎也应该有监管机构确保人工智能是追求公共福祉的。

——2022 年 3 月 26 日，马斯克接受施普林格（Springer）集团 CEO 访谈

在马斯洛需求层次理论的五类需求中，安全需求是人类最基本的需求之一，也是自动驾驶技术最重要的考量维度。如果自动驾驶汽车不能保证乘客和行人的安全，它就失去了存在和发展的意义。

马斯克深知没有安全，一切价值都无从谈起。因此，马斯克在谈到人工智能和自动驾驶技术的发展前景时，往往是从安全角度切入。

马斯克在不同场景中，一直在强调自动驾驶很有价值，但这价值只发生在自动驾驶的受伤率远低于人工驾驶的时候。他强调："我们的目标是让自动驾驶比人类驾驶安全十倍以上。"同时，马斯克也一直在对外呼吁加强人工智能的监管，以防止人类被人工智能伤害。他曾经警告过："人工智能是人类面临的最大的风险。"

能力越大，责任越大。按照好莱坞电影的叙事套路，人们对马斯克

这一类的科技狂人最为担心的，就是这些人是否会利用技术作恶。马斯克深知大众对此的担忧，因此在安全相关话题上，表现得尤其保守，并一直在强调监管的重要性。

马斯克对外竭力摆出这样的姿态：不想让自己的技术成为危害人类的工具，而是使其成为造福人类的力量。这与谷歌在巅峰时刻，强调自身的"不作恶"（Don't be evil）有着异曲同工之妙。对于科技品牌来说，洞悉大众对自己的恐惧并竭力避免，无疑是明智的。

尽量控制你能控制的内容

18个月前，我告诉马斯克我正计划写一本关于他的书，但是他通知我说他并不打算配合。直到有一天，我再次收到马斯克的消息，他给了我两个选择：他可以让我的生活陷入困境，也可以参与这个项目。

他合作的条件是出版之前必须看过原稿，他会在上面加入注脚。他虽然不会插手内容，但会标出他认为与事实不符的地方，我知道他的想法，马斯克希望能够掌控关于他生活的故事。另外，他像一个科学家般严谨，事实错误会让他抓狂，那些印在纸上的错误会让他惦记一辈子。

——《硅谷钢铁侠：埃隆·马斯克的冒险人生》

如果你对特斯拉、SpaceX以及我正在做的事情感兴趣，沃尔特·艾萨克森正在给我写一部个人传记。

——2021年8月5日，马斯克推特

马斯克不仅仅是一个企业家，他也是一个故事家。《硅谷钢铁侠：埃隆·马斯克的冒险人生》的作者联系到马斯克讨论创作这本书时，马斯克对这本书的出版非常重视，他深知这样一本书会对个人的品牌产生深远影响。

这本书的作者很快发现，埃隆·马斯克是一个控制狂，他希望能够最大程度上掌控这本书的内容，并像一个科学家一样在原稿上加入了各种注脚。

而当美国的著名传记作家沃尔特·艾萨克森向马斯克介绍自己将写作一本有关他的个人传记时，马斯克更是让这位作者在两年的写作过程中深度观察了他的工作与生活，并对上百位相关人士进行了访谈。

在创业这个冒险游戏中，每一位创始人都要面对无数的媒体和公众的关注，有时更是需要为自己的形象和声誉搏斗。马斯克深知，不论是公司主动发起的创始人传记项目，还是第三方计划出版的创始人传记，对讲述创始人的故事都至关重要。有声望的传记作家所写的传记，其影响力可以穿透数十年甚至上百年。

针对这类作者关于自家创始人的写作计划，应努力做到三点：

第一，争取第一时间获取到有影响力的传记作家的创作计划，并建立联系；

第二，与作者沟通了解对方的写作计划、写作方法、出版时间；

第三，从结果出发，确保书籍内容的真实性、准确性，至少能够像马斯克一样，获得原稿的"注脚权"。

第三节　钢铁侠的疯狂生活方式

疯狂的时间拳击工作法

> 我睡觉，醒来，工作，睡觉，醒来，工作——每周七天；我必须这样做一段时间——别无选择——但一旦推特走上了正确的道路，我认为它比 SpaceX 或特斯拉容易得多。
>
> ——2022 年 12 月 22 日，马斯克参加推特空间活动（Space）讨论

> 每周工作四十个小时是造不出革命性的车或者火箭的。向火星移民也不是一周工作四十个小时就可以实现的。
>
> ——2015 年 9 月 21 日，马斯克接受《时尚》专访

马斯克管理着数家公司，同时养育着 11 个孩子。

为了最高效地分配时间，马斯克使用"时间拳击"（Time Boxing）工作法。他把每天的时间分割成若干个小块，每个小块只有 5 分钟，然后根据任务的重要性和紧急性来分配这些时间小块。对需要完成的任务设定明确的时间小块，以 5 分钟为单位来安排行程，一天 24 小时就切成了 288 个时间小块。

例如任务 A 要在 30 分钟内完成，任务 B 要在 10 分钟内完成，任务 C 要在 5 分钟内完成。马斯克会把这些任务分别安排在 6 个、2 个和 1 个时间小块里。如果他提前完成了任务 A，他不会浪费剩下的时间，而是马上开始做任务 B 或者任务 C，或者是其他更重要的事情。如果仅花了 20 分钟就完成了任务 A，他可以马上展开任务 B 或者任务 C。这

种调整不依顺序,而是以重要性进行随机调整。

时间拳击工作法打破了一般人按照时间顺序来安排工作的思维。这个方法强调的不是什么时候要做这件事,而是做这件事要多长时间。同时,不要管理时间和顺序,而是管理轻重缓急。

创造"时间限"而非时间线,让马斯克随时处于截止日状态。可以说,时间拳击工作法让马斯克成了一个高效而灵活的企业家,这种工作方法让马斯克能够在有限的时间里做更多的事情,也让他能够在不同的领域和行业里取得突破和创新。他不会被时间所束缚,而是会用时间来服务于自己的目标和愿景。他不会被顺序所限制,而是会用轻重缓急来指导自己的行动和决策。

不拥有任何"个人资产"

> 我正在卖出所有物质财富,我将不会继续持有房产。
> ——2020 年 5 月 1 日,马斯克推特

2021 年 12 月的一天,埃隆·马斯克以 3000 万美元的价格将自己最后一处位于硅谷的豪宅卖出。马斯克公开表示,这是他仅存的房子。在这之后,马斯克从 SpaceX 那里租了一栋位于得克萨斯州的价值 5 万美元的房子。

曾有媒体曝光过马斯克所租住的房子,房子大约 37 平方米,是可折叠的预制住宅,这种住宅安装速度很快,运输也很方便,也足够轻,可以被特斯拉 Model X 拖拽。

作为当时的全球首富,马斯克却不拥有任何不动产,他似乎在亲身实践着"天下为公"的精神。这是马斯克打造个人品牌的重要一步,放

弃财富让马斯克在舆论层面成了一个"自由而慷慨"的企业家。

马斯克曾在推特上发文解释自己为何卖房子:"这是为了自由……我不需要现金,我把自己献给火星和地球,你拥有的东西只会压垮你。财富让人觉得压抑,抛售房产之后别人就不会因为我是亿万富翁而攻击我,所以我以后考虑租房。"

这种行为让马斯克能够更加专注于自己的梦想和使命,也让他能够更加接近于普通人和大众。他不会被财富所束缚,而是会用财富来服务于自己的目标和愿景。他不会被负担所限制,而是会用负担来激励自己的行动和决策。

一个永远陪伴的超级老爸

> 我总会安排好陪孩子的时间,因为我喜欢跟他们在一起。孩子们真的很棒。他们 99% 的时候都能让我更加开心……
> ——2016 年 6 月 1 日,马斯克出席代码大会

> 人类面临的最大威胁是低迷且不断下降的出生率。经济的基础是劳动力,很多人认为世界上的人太多了,人口增长失控了;情况完全相反,如果没有更多的孩子出生,文明将会崩溃,记住我的话。
> ——2021 年 12 月 6 日,马斯克参加
> 《华尔街日报》年度 CEO 理事会论坛

2023 年 4 月 18 日晚,马斯克参加了在迈阿密枫丹白露酒店举办的会议,他抱着 2 岁多的儿子出现在舞台上参加会议,观众席中爆发出了

欢呼之声。这不是马斯克第一次抱着自己的孩子参加访谈或节目了。

马斯克不仅仅是一个企业家，他也是一个父亲，有 11 个孩子。他有独特的平衡方法，那就是抱着自己的孩子参加工作。

马斯克多次在公开场合呼吁全球的人们多生孩子，就像他说的："如果没有更多的孩子出生，文明将会崩溃。"在 2023 年 4 月的一次访谈中，当被问及"是什么让你夜不能寐"时，马斯克回答称，出生率下降可能是对未来人类文明的最大威胁，而所谓的"专家"正在散布地球人口过剩的说法是不正确的。

马斯克尤其关注与自己的孩子们的相处。为了尽可能多地陪伴孩子，马斯克选择"一心多用"，在陪伴孩子的同时，处理一些日常工作。这些日常工作包括：回复邮件、参加访谈、出席节目……

陪伴孩子，也让马斯克这位酷酷的"钢铁侠"平添了许多柔情时刻。大众除了惊叹于马斯克在事业上的成功之外，也会被其在对待孩子时所表现出的"铁汉柔情"深深打动。

你猜怎么着，休假会杀了我

在过去的 12 年里，我只休过两次假。我这辈子第一次休假一周时，轨道科学公司的火箭爆炸了，理查德·布兰森的维珍银河火箭也在同一周爆炸了；我第二次休假一周时，我自己公司的火箭爆炸了！所以，我想说这给我的教训是，对于 CEO 来说，最好不要连续休假一周。

——2015 年 9 月 29 日，马斯克接受丹麦电视台专访

2000 年 9 月，马斯克还是 PayPal 首席执行官，就在他与第一任妻

子贾斯汀在澳大利亚度假途中,公司董事会"政变",马斯克失去了CEO的职位,他不得不立即飞回公司处理工作上的交接。

到了2000年12月,他和贾斯汀决定再次尝试去度蜜月,前往巴西和南非。这一次,马斯克不幸感染了"近乎致命"的疟疾。在经历了两家医院的误诊之后,他差点就去见上帝了。还好,他最后得到了及时的治疗,才挽回了生命。

马斯克因此总结:"这就是我度假总结出来的切身经验,长假会要了你的命。自2002年创立SpaceX以来我只休过两次假。"

这种经历让马斯克能够更加专注于自己的工作和目标,也让他能够更加坚持于自己的愿景和使命。马斯克是一个彻头彻尾的工作狂。在最极端的情况下,他有着超过100个小时的每周工作时间,从早到晚地处理各种问题和决策。

可以说,避免度假让马斯克成了一个专注而坚持的企业家,也让他成了一个努力而拼搏的工作狂。

如果可以,用科技让自己变得更帅气、更漂亮

在一位好友的建议下,我一直在间歇性禁食,感觉自己更健康了。

——2022年8月29日,马斯克推特

看起来是否时尚很重要。

——2023年7月11日,马斯克推特

2022年夏天,马斯克突然发现自己在海边度假的照片火了。网友

们吐槽马斯克太胖了。甚至与马斯克关系并不融洽的父亲都直言，自己的儿子应该减肥了。在意识到身材走样后，马斯克开始减肥。

2022年10月，马斯克发文称，他一个月内减重9公斤，秘诀是定期禁食和使用减肥药。

马斯克从不介意用科技方法让自己看起来更帅气。从年轻时的清秀书生到现在的炫酷钢铁侠，马斯克有着属于自己的"美容术"：用科技手段来让自己更帅气。

如果留意马斯克年轻时的影像会发现，这位钢铁侠早年的发际线明显后退，发量也很稀疏，但这些年出现在媒体面前的马斯克却顶着一头秀发。2018年就有一名专家向媒体表示，马斯克非常有可能接受了植发手术。

在这个时代，每个人都是视觉动物，在安全的基础上，通过科技手段来让自身的形象更帅气、更美丽，无疑是打造个人形象的一大利器。

本章回顾
如何打造创始人的"钢铁侠"形象？

┊ 从打造创始人愿景角度，需要关注三点：

第一，创始人的愿景同样应该出自对人类的大爱；第二，找到公司愿景与创始人个人愿景的"最大公约数"；第三，如果创始人能够在不同场合，阐述其对这一愿景的理解和深信不疑，则会事半功倍。

┊ 从打造创始人个人品牌的角度，有必要从实际出发，进一步明确创始人"如假包换"的人设身份。

在操作层面可关注四点：第一，创始人自身高度认同这一人设，并愿意对外传播这一人设定位；第二，可以获取到支撑创始人这一人设的不同实际案例；第三，从创始人自述、企业传播案例、第三方出版书籍等各个维度，持续打造和强化创始人的这一人设；第四，在包装过程中，重点关注这一人设对公司核心业务推进的价值。

┊ 从消费者和客户那里所获得的反馈信息，不论是好消息还是坏消息，都是最有价值的信息。因为正是这些反馈信息，能够让团队作出判断，快速优化产品。

┆ 除了大量阅读之外，另一个快速学习新领域知识的方法：

　　努力榨干身边顶尖专家的知识库。勇于创新，敢于突破的企业家，往往都有着愿意向身边顶尖专家学习的习惯。通过这种方式，全世界都会变成企业家的"个人图书馆"。

┆ 面对外界针对创始人的写作计划，应努力做到三点：

　　第一，争取第一时间获取到有影响力的传记作家的创作计划，并建立联系；第二，与作者沟通了解对方的写作计划、写作方法、出版时间；第三，从结果出发，确保书籍内容的真实性、准确性，获得原稿的"注脚权"。

┆ 在这个时代，每个人都是视觉动物，在安全的基础上，通过科技手段来让自身的形象更帅气、更美丽，无疑是打造个人形象的一大利器。

第四章
打造极致产品,让粉丝为品牌呐喊

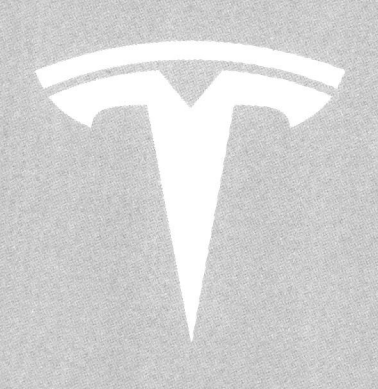

产品是品牌这座大厦的真正地基。如果产品不够好，做任何的品牌动作设计也都是枉然。

马斯克本以为自己不必再造电动车了，通用汽车曾投资超过10亿美元，于1996年推出过一款名为"EV1"的量产电动汽车。但通用最后取消了这个项目，还强行召回了已经交付的电动汽车[1]并把车压碎。

那些车被拿走的顾客，试图通过采取法律诉讼来保留他们的汽车，他们甚至还在汽车销毁现场举办了烛光守夜活动。马斯克评论此事："上一次为产品举办烛光守夜活动是什么时候？你不需要通过做客户调查来弄清楚这一点，至少有一部分人想要这些车。消费者们几乎把这件事看作'某个人'被判了死刑。我当时在想，天啊，这不应该发生，需要一家新的汽车公司来证明这是可以做到的。"

马斯克意识到，用户们是喜欢电动汽车的，即便这些电动汽车还是非常初级的产品。马斯克也从车主们的"烛光守夜"中看到电动汽车的未来。他下定决心，要做出一款足够极致的智能电动汽车产品来打动这

---

[1] 因为车子当时只是被租了出去。

个世界。

在品牌营销的 4P 框架之中，产品（Product）是 1，价格（Price）、渠道（Place）、促销（Promotion）则是一个个的 0。而打造极致的产品，就是树立口碑的"从 0 到 1"的工作。

接下来，让我们来看埃隆·马斯克是如何打造极致产品的。

第一节　如果可能，让你的产品十倍好

用第一性原理打造面向未来的自动驾驶汽车

> 一辆车大约会需要一万个零件和加工步骤，我认为特斯拉可能是汽车行业中最擅长做制造的，其他人很难追赶。在这方面，第一性原理是很有用的方法，不管你制作什么东西都是如此。
>
> ——2022 年 11 月 4 日，马斯克接受巴伦基金会专访

特斯拉 Model 3 采用极简的内饰设计风格，将所有控制功能统一到中控大屏幕上，再加上可随时升级的车机系统，可以说，在特斯拉的智能电动汽车身上，到处都可以看到第一性原理的影子。

特斯拉首席设计师弗朗茨·冯·霍尔茨豪森（Franz von Holzhausen）回忆："在设计 Model 3 时，我们思考了三个问题——我们希望车辆的内饰设计有一些创新，让车辆变得更高效；我们认为自动驾驶是趋势，所以我们在思考未来的内饰设计变化趋势如何；我们在重新思考如何让乘客在车里拥有更好的体验。"

这三个问题，其实是一个问题：怎样才能打造一个永不过时的内饰设计？传统车的设计往往是固定不变的，随着时间的推移，会显得陈旧、落后。而特斯拉 Model 3 的设计是灵活可变的，随着技术的进步，会变得更先进、更智能。

将这三点结合在一起，马斯克和设计师发现很多传统车的设计，硬件以及镀铬金属等很快就会看起来老旧，他们想做到永不过时的设计，给用户空间感，让用户可以真正关注整个车机系统。

最终，特斯拉为 Model 3 做出了整体设计，其中最关键的是车机系统能够不断改进、升级，包括用户在车内和屏幕之间互动的体验都可以升级。可升级的车机系统和极简风格，可以让车辆的设计永不过时。

在设计 Model 3 的过程中，马斯克与设计师从第一性原理出发，重新思考了自动驾驶趋势下，怎样的设计是永不过时的，最终得出结论：可持续升级的车机系统加上极简的设计风格才是最佳设计。而市场也最终验证了他们的这一假设。

不通过做市场调查来推导消费者需求

> 我们从不做市场调查。很多时候，人们试图制造他们认为别人会喜欢的产品，但实际上他们自己可能都不喜欢这些产品。特斯拉的方法是从想象汽车的"柏拉图理想"开始。
> ——2019 年 11 月 5 日，马斯克出席美国空军科技活动

> 特斯拉就不做市场调查！不设指标，如果设定指标那你们就成了机器人，我需要的是大家要做出惊人的产品。特斯拉不设指标但销量超过任何汽车企业的发展指标。
> ——2022 年 11 月 10 日，马斯克出席推特员工沟通会

传统的产品设计和市场营销工作流程中，市场调查是必不可少的一环。市场调查是很多传统公司高管做出决定的"主要拐棍"。在传统的市场营销中，市场调查结论是任何一家公司进行产品规划时的重要参考。市场调查当然可以提供一些基础信息，为"改良"提供参考方向。

但有趣的是，在科技行业，似乎有一条定律，真正打造出跨时代领

先产品的公司，并不需要市场调查这个"科学工具"。亨利·福特是这样，史蒂夫·乔布斯是这样，埃隆·马斯克也是如此。伟大的创新者与创造者的心态往往是："你的爱好，我来引领"。

以特斯拉的 Cybertruck 为例，这款皮卡车最大胆的因素可能不是造型，而是它的构思、设计和推出方式。这款车明显不是一家市值千万亿美元的公司通过精心调研所设计出的战略举措，它基本上是基于一种直觉，一种疯狂的押注。

当被问到打造这款车时，是否做了客户调研，马斯克这样回复："客户调研？哈哈哈哈……我们刚刚制造了一辆汽车，认为这款车非常不错，看起来超级怪异。我只是想制造一款有未来风格的战车，看起来就像《银翼杀手》或《异形》里面的东西，或者类似的东西，但非常实用。"

充满魔力的产品是果，而魔力本身代表着意想不到，代表着超出预期，而通过市场调查、焦点小组，往往只能获得用户有限的建议。真正的潜在用户会为有魔力的产品陷入疯狂。一旦用户认为这是一款能够真正让自己获得"自我实现"的产品，会迅速进入对这个品牌"完全忠诚"的状态。

因此，对于改善已有产品，市场调查或许有些价值，但是如果你想打造一款跨越时代的产品，那么，忘掉市场调查这件事吧。

不要白费力气，把钱投入研发、制造和设计上

你要关注信号，忽略噪声。很多公司会感到困惑，他们把钱花在不能使产品变得更好的事情上。例如在特斯拉，我们从未在广告上花过一分钱。我们把所有的钱都投入研发、制造和设计上，试图把车做得尽可能地好。我认为这是成功的必由之

路。因此，每一家公司都需要不断思考，公司里的人付出的这些努力，是否带来更好的产品或服务？

——2014年5月16日，马斯克在南加利福尼亚大学毕业典礼上的演讲

2022年11月的一天，推特的所有员工都收到了来自新老板马斯克的邮件："任何从事软件开发或设计工作的人（在湾区）都要赶到公司总部10楼，参加密集而紧张的工作。谢谢你们。"

在接手推特之后，马斯克针对推特以"松散"著称的工作文化，直接来了"三板斧"：第一，裁掉冗余的低效员工，以节省成本；第二，减少任何非必要的公司开支，比如免费午餐；第三，要求所有员工将精力聚焦在软件开发和设计上。

这是典型的马斯克式的工作方式。有趣的是，当马斯克在推特发起这场"整风行动"的同时，另一边SpaceX的员工们则表示，马斯克专注于推特让他们松了一口气，因为这给他们带来了一个"更平静"的工作环境。

特斯拉的员工们对推特正在发生的事情非常熟悉。2017年，所有特斯拉的员工都在为一件事努力，即提高计划在2017年上市的Model 3的产量。马斯克在当年5月给员工的邮件中写道："特斯拉必须是硬核和苛刻的；特斯拉的及格线非常高，因为必须如此。"

马斯克永远把"打造产品"作为公司的主要矛盾，他会尽一切努力来聚合所有人力物力，以攻克这一主要矛盾。马斯克深知想要做好产品，有两种投入必不可少：一是人才的精力，二是充足的财力。马斯克在最大程度"榨取"工程师的才华，同时倾向于将所有的预算和资源都投入

到研发、制造和设计上。

为了实现这一目标，马斯克表现得很像一位"恶棍老板"。2014年至2016年在特斯拉负责管理电池材料供应链的高级工程经理戴维·迪克曾坦言："显然生死攸关的情境会让他生龙活虎，他有点像是在主动地创造出这样的环境，让所有人都有紧迫感。"

马斯克深知，一切的人力与物力的投入，如果不是为了打造更好的产品和服务，那就是枉费心机的绝对浪费。当平庸的产品投入市场，消费者会一眼识出，直接放弃，更不要说向身边的亲友推荐。

平衡产品的美观与实用性，关注所有细节

> 如果你想做出漂亮的东西，你想触发任何基本的美学算法，在你的大脑里，会有一些内在的元素代表着美。它们会在你的脑海中引发欣赏美的情感，而这些元素在人与人之间是相对一致的。不是每个人都喜欢同样的东西，但是会有很多共同点。我认为将美学设计与功能性结合起来很重要，Model S 或 Model X 真正的困难是将美观和实用结合起来。
>
> ——2015 年 10 月 7 日，马斯克与史蒂夫·尤尔维松在斯坦福未来峰会上的对话

在 2019 年 3 月的 Model Y 发布会上，马斯克回忆："我们当初制造 Roadster 的根本原因是打破人们对电动汽车的刻板印象——电动汽车看起来很丑、速度很慢、性能很差。我们想造一辆电动车，告诉人们，电动车可以更快、更好看、更性感。"

有一段时间，特斯拉的电池组顶部有三个玻璃纤维垫子，它们覆盖

了电池组，马斯克在看电池组的生产线时发现，最能减慢电池组生产线步骤的设计，就是这三个玻璃纤维垫子。他找到特斯拉负责降低噪声和震动的团队，他们的工作是要让汽车变得安静。这个团队认为，这些玻璃纤维垫子是电池防火团队放在这里防火用的。

马斯克马上去问电池防火团队，为何需要这个东西，电池防火团队表示垫子是用于降噪和降低振动用的。马斯克立即要求团队做对比测试，里面放上麦克风，所有人很快发现，有玻璃纤维垫子的汽车并没有表现出任何优势。团队其实一直在为了一个不应该存在的东西费尽心思。可以说，这样的设计既不美观也不实用。

而在马斯克看来，一辆真正能够为消费者带来"自我实现"的汽车，需要同时满足美观与实用性。美，本身就是一种生产力。一款产品在很大程度上，代表着使用者的个性与格局。足够美观的产品，会让用户产生炫耀与分享的欲望，让消费者愿意晒出自己所拥有的资产。

从品牌建设层面思考，任何一款产品如果希望让用户热爱，不论是软件还是硬件，都需要达成美观与实用性的平衡。实用性则会在日常使用中，进一步加深消费者对这一品牌的信任度与认可度。美观与实用，最终让消费者形成足够的品牌忠诚度。

持续优化，用10倍好的产品引爆市场

我们营销的本质是这样的——你有没有什么东西可以让一个客户卖给另一个客户，而你什么都不用做？

——2003年10月8日，马斯克在斯坦福大学演讲

如果你进入任何一个现有的市场，面对那些强大的竞争对

手,你的产品或服务必须比他们好得多,它不能只是有一点点的优势,因为当你站在消费者的立场上时,你总是会购买值得你信赖的品牌,除非这个产品有很大的差异性。所以,你不能稍微好一点,而是要好得多。你必须有创新思维,你做事情不是只需要好出10%,而是要创造出10倍的价值。

——2014年5月16日,马斯克在
南加利福尼亚大学毕业典礼上的演讲

2003年,马斯克在斯坦福大学分享了自己的创业经历。在谈到营销打法时,马斯克表示:"我们非常专注于尽可能地打造最好的产品,Zip2和PayPal都是非常注重产品的公司,我们非常痴迷于如何唤起顾客真正可能获得的最佳体验。这是一种比拥有庞大的销售队伍更有效的销售工具。病毒式营销的本质是客户间的口口相传,而你不需要做任何事情。"

只有产品达到数倍好于竞品时,才会激起客户主动进行口碑传播。面对技术爆炸,需要推出数倍好于传统的产品,才有机会真正抢占品牌的高地。

彼得·蒂尔在《从0到1》中提出过类似的观点:"如果你能做到10倍好,你就可以避开竞争。"

苹果的智能手机(iPhone)比传统手机要好上10倍,亚马逊提供的书籍,要比世界上任何一家传统书店都好上10倍。同样,特斯拉的电动汽车,也要比传统的新能源汽车好上10倍。马斯克致力于让自己的产品10倍好于竞品,因为他知道,唯有如此,才有机会真正引爆市场。

真正伟大的产品，往往诞生于第四代

> 不过无论什么时候，你拥有真正的新技术时，大概都要先设计出 3 种主要车型，最终才能够让你的车成为真正的畅销产品。
>
> ——2013 年 3 月 20 日，马斯克在 TED 上与克里斯·安德森谈话

2006 年 3 月，SpaceX 第一次发射火箭（猎鹰 1 号），在点火 25 秒后，凝聚工作团队多年心血的火箭重重地砸在发射场地上；一年之后的第二次发射坚持的时间久了一些——升空大约 5 分钟后火箭发生爆炸；2008 年 8 月和 9 月，SpaceX 又连续进行两次猎鹰 1 号的发射试验，最终在第四次试射中成功。

马斯克曾经提出了一个很经典的观点：一个产品往往要经历三代后，才有机会成为真正畅销的产品。这个观点在他最重要的两家公司中都得到了验证。SpaceX 的猎鹰 1 号，前三次发射都以失败告终，直到第四次才成功进入太空。特斯拉最初的 Roadster 跑车是富豪们的玩具，随后推出的 Model S 和 Model X 也都是可以被列为奢侈品的轿车。直到第四代 Model 3 才成为大众化的革命性产品。

"4" 是个有魔力的数字。回顾手机市场，苹果在 2007 年正式推出 iPhone，此后分别推出 iPhone 3G、iPhone 3GS，但一直到 iPhone 4，才成为真正成熟的一款产品，让苹果成为市场上真正的领导者。

伟大的产品往往要经历三代才会走向成熟。第一代是探索阶段，要找到市场需求和技术方向。第二代是改进阶段，要解决产品缺陷和用户

反馈。第三代是完善阶段，要提升产品性能和用户体验。第四代才是爆发阶段，要打造产品品牌和用户忠诚。

马斯克不怕失败，他相信只要坚持不懈地迭代产品，就能够找到成功的答案。这也是他作为一个创新者和领导者的魅力所在。

第二节 努力让意见领袖为你的品牌"传布"

找到人群中的"超级粉丝"

> 下周，我们将交付第 100 辆 Roadster 量产车。有趣的是，我们的第 100 位顾客是山姆·佩里（Sam Perry）。如果有人看过奥巴马获胜的时刻，当时奥普拉靠在了一个男人的肩膀上哭泣。那个男人就是我们的第 100 位顾客。总之，他是个很好的人，住在旧金山湾区。他将在星期二取车，我要亲手把钥匙交给他。
>
> ——2008 年 12 月 6 日，马斯克在好莱坞假日派对上发表演讲

奥巴马在 2008 年参加美国总统竞选时，山姆·佩里是奥巴马团队在硅谷地区的关键联络人。关键人物是助力品牌引爆市场的核心助推器，马斯克充分利用了这一点。

畅销书作家马尔科姆·格拉德威尔曾在《引爆点》中写道："社会流行浪潮的发展过程与流行病的兴起相似，都是由屈指可数的人驱动起来的。"这些屈指可数的人可以分为三类：联系员、内行和推销员。

具体来看：联系员，即把我们与世界联系起来的人；内行，即掌握

最多信息的人；推销员，即能够说服大家接受外来信息的人。品牌方在产品推出的初期，需要去人群中找到这些关键的人，同时在适当的场景中，向大众介绍这些关键的人对品牌的选择和支持。

马斯克在一场活动上，刻意介绍了特斯拉的第 100 位顾客山姆·佩里，这人并不知名，但的确是人们身边熟悉，且值得信任的典型代表。这样的人选择特斯拉，足以证明特斯拉汽车的可靠。

在推广特斯拉 Model S 时，马斯克邀请了一些汽车专家和媒体人士来试驾，并让他们对特斯拉 Model S 进行评价和评论。这些内行能够从专业的角度，向公众展示特斯拉 Model S 的优势和特点。

通过这样的方式，马斯克成功利用关键人物引爆了品牌。他让特斯拉汽车成了一个社会流行浪潮，吸引了无数用户和粉丝。这也是他作为一个创新者和领导者的智慧所在。

吸引超级用户为你的产品买单并进行品牌背书

> 我还记得，早先邀请拉里·佩奇和谢尔盖·布林体验电动汽车，我跟他们二位是老相识了。结果系统出了一些问题，真倒霉，车速只能达到每小时十六千米。我说："我发誓，两位，这车真的比这快多了。"但他们人很好，还是给公司投了点钱，哪怕经历了史上最差的演示。
>
> ——2016 年 5 月 31 日，马斯克在特斯拉 2016 年度股东大会上的讲话

2006 年 7 月，特斯拉正式对外公布电动车计划，这次活动吸引了著名影星施瓦辛格、迪士尼原 CEO 迈克尔·艾斯纳以及拉里·佩奇、

谢尔盖·布林等社会名流和硅谷精英。虽然售价高达9万美元，为避免车体过热一次只能试驾5分钟，但仍有30人当场承诺购买特斯拉的概念车（Roadster）。

马斯克在活动上展示酷炫的产品设计之余，还特别强调了Roadster从起步加速到每小时100千米只需要4秒，远超当时所有的电动车的性能。马斯克介绍，特斯拉不是一家简单的制造、销售汽车的车企，而是一家运用各种技术、梦想改变出行的科技公司。

马斯克很早就意识到，相比一台昂贵的汽车，用技术改变世界的伟大梦想更能触动这群希望改变世界的硅谷精英们。如果说山姆·佩里证明了特斯拉适合"普通人"，那么拉里·佩奇和谢尔盖·布林则证明硅谷最顶层的科技大佬同样热爱特斯拉。

2008年，当特斯拉的第一款电动跑车（Roadster）问世时，最初的7辆车作为"创始人系列"提供给创始人之一的艾伦·穆斯克和其他出资人，这份名单里有谷歌的两位创始人拉里·佩奇、谢尔盖·布林以及eBay的共同创始人杰夫·斯科尔等。2008年10月，Roadster实现量产，客户名单包括布拉德·皮特、乔治·克鲁尼、施瓦辛格等大明星和知名企业家。

这些超级用户具有高度影响力，他们不仅能够为品牌提供高质量的反馈和建议，也能够为品牌提供高效率的宣传和推荐，是品牌的有力代言人。马斯克在利用超级用户打造品牌时，有两个关键点：

第一，选择合适的超级用户。马斯克选择了与特斯拉汽车相匹配的超级用户，即那些热衷技术、热爱冒险、希望改变世界的社会名流和硅谷精英。这些超级用户不仅有着强大的社会影响力和媒体关注度，也有着与特斯拉汽车相符合的价值观和生活方式。他们是特斯拉汽车的最佳目标客户。

第二，展示超级用户的选择。马斯克展示了超级用户对特斯拉汽车的选择和支持，不仅在活动现场介绍了他们，也在社交媒体上分享了他们。这样做不仅增加了特斯拉汽车的知名度和信任度，也增加了特斯拉汽车的吸引力和期待感。

正是因为获取了这些超级 IP 的认同，特斯拉巧妙地获取了背书以及媒体的曝光，助力特斯拉快速建立初期的品牌势能。

让购买和使用自己的产品，成为一种时尚

莱昂纳多·迪卡普里奥："天啊，这是不错的机器人。"

马斯克："我们越快采取行动，我们受到人为引发气候变化的伤害就越小。"

……

——2016 年 10 月 27 日，马斯克带领莱昂纳多·迪卡普里奥参观超级工厂

彼得·蒂尔在《从 0 到 1》中揭秘，特斯拉之所以能够如此成功，是因为掌握了新能源行业的一大"秘密"。那就是，在新能源技术这个领域里，是时尚在激发关注。

时尚，即具有高度吸引力和影响力的风格。它不仅能够满足用户的审美需求，也能够满足用户的认同需求。它是一种表达自我、展示态度、彰显价值的方式。它是一种引领潮流、创造趋势、改变世界的力量。

那些富有、知名的人们希望自己能够表现得更"绿色"，因为"绿色"让他们显得更关注环境，让他们显得拥有更进步的理念，让他们显

得更酷。正是这样的原因，莱昂纳多·迪卡普里奥愿意将自己的普瑞斯汽车换成特斯拉的 Roadster 跑车。

如果跳出新能源行业，你会发现几乎每个领域的"头雁企业"都掌握着这个"秘密"。

苹果，一直标榜自己站在科技和人文的十字路口，是最懂得服务那些有独创想法（Think different）的科技时尚品牌。耐克，一直标榜自己是冠军最为热衷的体育时尚品牌。一旦品牌变成一种时尚，就能够获取远高于行业平均水平的溢价能力。这就如同当我们为心爱的人购买礼品时，往往不会对商品的价格过分敏感。

马斯克深知，必须让特斯拉的汽车变得时尚，必须让特斯拉的工厂变得时尚，必须让特斯拉这家公司变得时尚。因为时尚本身，就会激发关注，会提升特斯拉这个品牌的核心价值。

而让自家产品靠近那些在时尚界具有声望的明星，无疑是一条捷径。通过明星们的背书，特斯拉逐渐成了一个时尚符号和社会现象，收获了无形的品牌价值。

适当配置名人的差异化程度

> 我试驾过这辆车，它很棒。
> ——2010 年 4 月 20 日，影视明星施瓦辛格

> 今天下午我去试驾了，体验很棒，我开的是 Roadster。
> ——2009 年 8 月 11 日，记者查理·罗斯

当 2014 年进入中国后，特斯拉国内首批 15 位车主可谓豪华：汽车

之家总裁李想、新浪 CEO 曹国伟、携程网创始人梁建章、原阿里大文娱董事长俞永福、一号店创始人于刚……名人效应和口碑传播，迅速点燃了其核心用户所在的科技圈，让特斯拉高端、创新的品牌形象深入人心。

马斯克也非常重视这次交付，首次来华就是为了在交车仪式上，将车钥匙交到每一位名人车主手中。

2008 年，当特斯拉的第一批 Roadster 发售时，购买者就包括汤姆·汉克斯、乔治·克鲁尼、施瓦辛格等明星。实际上，在特斯拉最早的 7 辆 Roadster 的车主中，就包括谷歌创始人拉里·佩奇和谢尔盖·布林、eBay 创始人杰夫·斯科尔。

每一个名人背后，都有着属于自己的粉丝人群。特斯拉在有目的地影响着各行各业中的"名人"。通过马斯克的朋友圈，特斯拉在初期成功邀请了一批广为人知的政客、科技圈大佬和新贵、娱乐明星作为第一批种子用户。

这是一种另类的"明星代言"方式。从传播的链条上看，每一位名人都是一家背后覆盖千百万粉丝的"自媒体"，让不同领域的名人同时为品牌代言，则有机会在最大程度上实现"交叉传染"，扩大品牌的认知度。

第三节　充分调动粉丝的积极性进行自发传播

采纳10岁粉丝的建议，让用户为特斯拉拍摄广告片

> 亲爱的埃隆·马斯克，我是来自埃斯帕扎（Esparza）女子学校五年级的布里亚。我写信给你是因为我想对贵公司提出一个建议。另外，我觉得你的创业想法很聪明，对环境也很友好！
>
> 我注意到你从不做广告，但很多人为特斯拉制作自制广告，其中一些非常好，看起来很专业，而且非常有趣。所以，我认为你应该举办一场比赛，看谁能制作出最好的自制特斯拉广告，获胜者将播出他们的广告。
>
> 最酷的部分是你不需要花时间和金钱为自己做广告。此外，这也是你的粉丝和客户一定会喜欢的。你可以给获奖者一年的免费充电权益或Model 3复活节彩蛋之类的东西。
>
> ——2017年3月1日，10岁粉丝
> 布里亚·洛夫迪（Bria Loveday）

> 谢谢你写的这封信，这真是个好主意！我们就这么干！
>
> ——2017年3月1日，马斯克推特

马斯克曾发起过一个粉丝自发为特斯拉制作广告的活动，而这个活动的灵感，竟然来自一个10岁的小女孩。

这个小女孩名叫布里亚·洛夫迪，她给马斯克写了封信，建议他可以让粉丝们参与到特斯拉汽车的宣传中，通过视频展示他们对特斯拉汽车的喜爱。她的父亲在推特上提及（@）了马斯克，并附上了女儿的信。

马斯克很快就回复了:"谢谢你写的这封信,这真是个好主意!我们就这么干!"

就这样,特斯拉官网上线了以小女孩名字命名的活动"热爱日活动"(Project Loveday),开始募集粉丝自制的广告。结果特斯拉的粉丝们所上传的"广告视频"品质创意都很好,有些甚至达到了专业水准。这些视频在网络上引起了巨大的反响,为特斯拉汽车带来了更多的关注和赞誉。

这是一个多么美妙的故事啊!一个10岁女孩提出的建议被采纳,成了一次成功的品牌活动。这个故事本身就是一个极好的品牌案例。马斯克对粉丝们的反馈保持着高度敏感和尊重,也愿意将粉丝们的创意转化为实际的品牌行动。

其实在这之前,粉丝们就已经在自发地为特斯拉制作了一些广告。在2014年,一家互联网工作室(Everdream Pictures)就自掏1500美元,为特斯拉免费制作了一部广告大片,并上传到了YouTube,斩获了数百万浏览量。此外,在YouTube上还有一些由特斯拉用户上传的视频,详细展示了他们对特斯拉汽车的体验和评价。

用户的参与感来自对产品的热爱。品牌则需要对粉丝们的反馈保持高度敏感,将粉丝有创意的建议转化为实际的品牌活动。马斯克不断地制造、分享与品牌相关的内容,或者激发用户产出"用户生成内容"(UGC),进一步提升特斯拉汽车的热度和影响力。通过这样的方式,马斯克成功地利用粉丝打造了品牌,让特斯拉汽车成了一个社会现象。

人人为我,请老车主作为志愿者介绍新车功能

很多车主,包括我自己都很乐意做免费的志愿者,我们不

能做那些交车手续，但我们可以给新车主介绍功能，教育新车主并且看到他们的快乐和激情是很有趣的。

——2018年9月21日，车主瑞恩·麦卡弗雷（Ryan McCaffrey）推特

感谢这个建议，如果任何现在的特斯拉车主愿意周六（日）来帮助新车主学习知识，那太感激了。

——2018年9月21日，马斯克推特

2018年9月底，特斯拉正在为了实现第三季的交车目标做最后努力，但马斯克发现各地的特斯拉店里严重人手不足。

"我们从产能地狱进入了交车地狱。"马斯克在推特上向一个抱怨交车拖延的车主道歉。随后他发起了一个自愿帮助新车主的活动，让广大车主为特斯拉提供服务。而这个活动的灵感来自推特上的用户留言。

一位叫作瑞恩·麦卡弗雷的特斯拉车主看到马斯克在推特上抱怨交付特斯拉汽车的困难，就主动提出了一个建议：让现有的特斯拉车主来帮助新车主学习知识，介绍功能，分享体验。他发推写道："很多车主，包括我自己都很乐意做免费的志愿者，我们不能做那些交车手续，但我们可以给新车主介绍功能，教育新车主并且看到他们的快乐和激情是很有趣的。"

马斯克很快看到并回复称："如果任何现在的特斯拉车主愿意周六（日）来帮助新车主学习知识，那太感激了。"就这样，特斯拉官网上线了一个活动页面，开始募集车主志愿者。结果，很多车主都响应了这个活动。

这是一个美妙的故事！一群忠诚的车主主动、自发地为特斯拉做志愿者。相比任何明星代言人，对于潜在购车者来说，老车主主动为品牌做志愿者，就足以说明这个品牌的可信、可爱。马斯克对车主们的反馈保持着高度的敏感和尊重，就这样将车主们的热情转化为了品牌的实际营销行动。

车主主动提出免费来当志愿者，这匪夷所思的场景就这样发生了。这是用户购买旅程的最后环节，推荐购买行为的极端表现。一个伟大的愿景，加上十倍好的产品，以及对粉丝参与需求的高度敏感性，让这一切发生了。

不可或缺的粉丝鼓励机制设计

> PayPal 是病毒式营销的一个完美例子，一个客户会充当你的销售人员，为你带来其他客户，所以他们会给一个朋友通过 PayPal 寄钱，然后把这个朋友招募到网络当中。这样就有了指数级的增长，客户越多，增长就越快，这就像培养皿里的细菌，如同 S 曲线一样。
>
> ——2003 年 10 月，马斯克在斯坦福大学演讲

> 我们始终坚持为客户打造更好的产品，并鼓励客户分享产品的使用体验和乐趣。作为特斯拉车主或准车主，每次引荐亲友购买符合条件的特斯拉产品，您和您的亲友将分别获得"引荐积分"奖励。
>
> ——特斯拉官网

2014年时，特斯拉 Model S 已经上市，并形成了用户自发推荐的口碑传播。特斯拉顺势启动了推荐激励计划。

这个激励计划采用双边奖励的方式，邀请朋友订购特斯拉，邀请人和购车人可各自得到 1000 美元的优惠券，优惠券可用于购买特斯拉汽车、配件和周边服务。新用户通过邀请链接订购后，两人的优惠券即可到账。随后特斯拉还推出了激励方案，在每个区域（北美、亚太、欧洲）邀请人数最多的将会获得巨额奖励，包括：Model S 一辆（价值 130000 美元）、一个家用充电桩（价值 3000 美元）、出席内华达超级工厂的开幕式。特斯拉的奖励极具吸引力，甚至包括 SpaceX 的总部之旅。

特斯拉在此后持续开展着引人注目的推荐活动。一位 YouTube 发起人抓住了这个机会，为特斯拉带来超过 1200 万美元的推荐销售额，并将两辆下一代敞篷跑车带回家。

推荐计划是一种奖励客户的绝妙方式，可以将新用户以一种非常顺滑的方式引导至品牌。为了让用户保持对产品的热情，让忠诚的用户们在购买旅程中走到最后一步，设计双边奖励机制非常必要。一方面，这样的机制会让推进用户获得切实的"好处"，激励其最大程度推荐；另一方面，因为是"双边设计"，被推荐的潜在用户也不会有被打扰的感觉。

让用户为自家的品牌代言、发声

我喜欢特斯拉有两点。首先，没有激进的销售宣传。各种太阳能公司的推销员经常与我们联系，但特斯拉并非如此。特斯拉的在线配置器让我们很好地了解了太阳能的好处，在线下订单的过程简单明了，我们从来没有被迫做出快速决定的压力。其次，该公司在对待客户方面非常诚信。当我们的安装即将结束时，我们收到一封信，通知我们特斯拉已经降价，因此该公司向我们退还了差价。否则我永远不会知道，所以特斯拉主动这样做对我来说真的很引人注目。

——2020 年 11 月 4 日，特斯拉车主蒂娜

2023 年 5 月 19 日，特斯拉的推特账号"特斯拉亚洲"（Tesla Asia）意外推出了一则"广告"：《驾而相信——为何她选择特斯拉》。这是特斯拉首次尝试投放广告，引发了网友的热议。

在这则"广告"中，一位来自新加坡的 Model 3 车主用真情实感的口吻，分享了她选择特斯拉的理由。她从自己的用车体验出发，着重强调了特斯拉的安全性、娱乐性以及能给孩子带来更健康的未来。她认为特斯拉不仅是一辆车，更是一种生活方式，一种对未来的信念。

这则"广告"其实是马斯克在 2023 年 5 月刚刚结束的特斯拉股东大会上所提到的一个想法的落地尝试。当时有股东建议特斯拉能够改变营销策略，尝试通过投放广告，向外界传达特斯拉的产品优势，否则很多潜在消费者并不清楚甚至还有误解。马斯克当时回应称，会考虑尝试广告投放，看看结果怎么样。特斯拉此前从不投放广告，马斯克也一直对此引以为傲。

不过这则广告并没有违背特斯拉一贯坚持的"零广告营销"的原则：第一，这则广告出镜的是真实的车主，而非高价邀请的明星代言人；第二，发布渠道是特斯拉自身的推特账号，而非第三方媒体渠道；第三，特斯拉选择让用户，而不是明星，为自家的品牌代言和发声。可以说，特斯拉和马斯克仍旧坚持着自身在广告上的原则：让产品和粉丝为品牌发声。

本章回顾
如何让粉丝为你的品牌呐喊？

¦ 如果粉丝愿意主动为你的品牌呐喊，那说明你的产品需要数倍好于竞品。

¦ 创造跨时代的产品的商业大师，他们不需要通过市场调研去了解市场的声音。伟大的创新者和创造者的心态是：我来告诉你，你需要什么。所以，如果你想做一款跨时代的产品，就别管市场调查了。

¦ 一切的投入，如果不是为了做出更好的产品和服务，那就是白费力气。当平庸的产品上市，消费者会一眼看穿，直接拒绝，更不会推荐给别人。

¦ 任何一款产品如果想让用户爱上，无论软件还是硬件，都要做到美观和实用的完美结合。而要做到这一点，需要有一种偏执狂般的极致追求。

┆从传播的角度看，每一个名人都是有千万粉丝的"自媒体"。让不同领域的名人同时为自己的品牌宣传，就能实现品牌的"交叉传播"，让更多人认识和认可自己的品牌。

┆用户的参与感来自对产品的真爱。品牌要对粉丝们的反馈保持高度关注，把粉丝们的创意变成品牌活动。

┆为了让用户对产品保持热情，让忠诚的用户们推荐给其他人，设计双边奖励机制很重要。这样的机制会让推荐用户得到实惠，激励他们推荐给更多人；也会让被推荐用户感到受惠，不会觉得被打扰。

第五章
充满"统治力"的定价策略

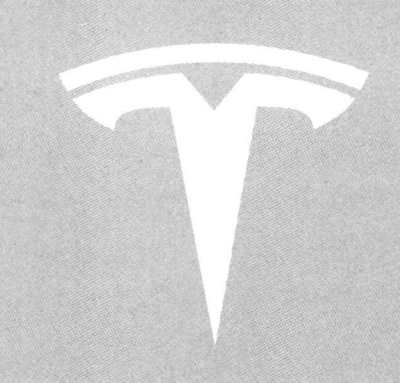

2008年，特斯拉用一辆Roadster震惊了世界。特斯拉全面展示了Roadster在先进电池技术和电动动力总成方面无与伦比的优势。从那时起，特斯拉就开始了它的纯电动豪华轿车之旅，此后先后推出Model S、Model X和Model 3，并在2017年实现了Model 3的量产。

特斯拉按照"三步走"的战略，一步一步地改变了智能电动汽车行业的格局。在拥有了超越竞品的产品之后，如何定价，以吸引消费者购买，是摆在品牌方桌上的另一个战略选择问题。

品牌所推出的第一款产品，往往会决定这个品牌的形象和声誉。是走高端路线，还是主打性价比标签？除了产品本身的性能之外，价格也是影响品牌定位的关键因素。又该如何为产品定价？

如何为产品定价、何时宣布定价、何时调整价格、是否可通过出售周边产品获取额外利润，马斯克有着自己的一套独特而高效的定价策略。

第一节　为跨时代产品发布打个"时间差"

从跑车开始，让产品占据高端品牌心智

> 普通汽车购买者可能无法完全理解，他们会认为特斯拉非常昂贵，因为我们确实是从生产一辆昂贵的跑车开始的，然后我们推出了一辆稍微便宜一点的轿车（Model S）和SUV（Model Y），但现在特斯拉汽车的起售价实际上低于美国汽车行业平均的售价。特斯拉实际上要比人们意识到的便宜得多。
>
> ——2023年5月16日，马斯克接受美国消费者新闻与商业频道（CNBC）主持人大卫·费伯（David Faber）的专访

特斯拉的发展策略与众不同，它从上往下，从高端走向大众。

马斯克创办特斯拉的初衷，就是要让所有普通人都能买得起智能汽车。但他也很清楚，要实现这个梦想，首先必须做出一款让人眼前一亮的性感跑车。

特斯拉从超级豪华跑车起步，在2008年推出了第一款汽车产品Roadster，虽然销量不高，但成了社会名流和好莱坞明星的新宠，一时风靡全球；紧接着，特斯拉开始进军豪华轿车和SUV市场，先后推出了售价在6.5万至14万美元之间的Model S和Model X，不断扩大市场份额，品牌也从满足小众市场向大众市场转变。

从2016年到2019年，特斯拉再进一步，连续推出了基础款售价在3.5万至6万美元之间的两款紧凑车型Model 3和Model Y，带动了整体销量的快速增长。

消费者对一个品牌的认知受到首因效应的影响。通常情况下，一个

高端品牌"从高往低推广",逐步做更亲民的品牌比较容易;但如果起初就给大众以"高性价比"印象,在未来如果想要走品牌高端化路线,将会付出更多的成本。

特斯拉则是首先推出了昂贵的跑车(Roadster),树立了高端汽车品牌的形象。随后通过 Model S、Model X、Model Y、Model 3,一步步地将汽车价格降到了普通人可以承受的水平。

虽然价格在下降,但绝大多数消费者依然认可特斯拉是高端汽车品牌。正是由于马斯克在创业初期所推出的昂贵跑车,才让高端汽车品牌这个标签,成了特斯拉永久的品牌资产。

利用产品发布的时间差,实现最终的量产价格

> 我也非常想造一款特斯拉超级皮卡,拥有令人疯狂的扭矩、动态空气悬架和超乎想象的驾驶操控,那感觉将无与伦比。
>
> ——2012 年 8 月 1 日,马斯克推特

特斯拉在 2019 年 11 月份正式发布了 Cybertruck 电动皮卡。这款跨时代的皮卡产品,极大地提升了特斯拉这家新能源车企的想象力。Cybertruck 原本计划于 2021 年上市,但由于多次修改以及相关供应链问题,这款车不得不多次延期。

在科技领域,一款创新产品的发布,与产品真正上市,还有着一段时间差。而这段时间,往往让品牌方有机会进一步完善产品,以实现按目标价让产品量产上市。

马斯克多次使用过"提前发布,产品在数年后量产上市"这一招。这样做主要有三大好处:

第一，占领潜在用户的品牌认知。用户会记住第一个发布这一类产品的品牌。率先发布，相当于向市场宣告自身产品的领先性，任何其他友商未来所推出的类似产品，都将是"抄袭"和"跟随"行为。

第二，为公司市值创造想象力。对于任何一家车企来说，没有比推出一款爆炸性产品，更能够在短期内提升资本市场对这家公司的信心的行为了。而 Cybertruck 所定位的皮卡市场是美国汽车行业的兵家必争之地。

第三，为实现产品量产赢取时间。刚刚研发成功的产品，生产成本极高，往往需要较长时间才能够真正实现全面量产，匹配上可向预订用户交付的价格。提前发布产品、明确售价，不仅可以收取用户的一部分预订费以支持生产，也可为研发团队确定一个产品上市时间，激励团队推进工作。

正是因为有以上诸多好处，在产品发布和量产上市之间打个"时间差"，已经成为汽车行业的标准动作。

通过利用消费者的炫耀心理，在订购机制上耍一点小把戏

> 现金订购 Cybertruck，随着生产临近，您将能够完成配置。仅需 100 美元，且可全额退款。
>
> ——特斯拉官网

在 2019 年展示特斯拉的新款 Cybertruck 时，马斯克表示，特斯拉只向潜在购买者收取 100 美元的预订费，而且消费者随时可以退款。

马斯克这样做的主要目的是激励尽可能多的人，为特斯拉打广告。正是因为预订费可随时退款，每个人都可以毫不犹豫地订购

Cybertruck，并将其屏幕截图晒到社交媒体上，然后最终拿回他们的 100 美元。

就这样，特斯拉 Cybertruck 在短短两天内就收到了超过 20 万次的预订，同时赚到了 2000 万美元的预订收入。在那段时间，如果人们登上照片墙（以下简称 Instagram）、推特或 YouTube，可能会以为全世界的每个人都在买这辆卡车，因为人们会看到无数人都在展示着自己的订单。

在"铺天盖地"的 Cybertruck 订单的影响之下，那些之前对特斯拉的这款产品并不了解的消费者，也会被吸引进入特斯拉的"购买旅程"：认知特斯拉。

实际上，大多数人最终可能并不会真正买这些卡车，他们甚至不需要它们。然而，由于订金如此便宜且可退款，许多人都忍不住预订，并向他们认识的人传播这个消息。结果，特斯拉的 Cybertruck 变得如此火爆。

马斯克正是利用了消费者的这种炫耀心理，通过允许订购费可全额退款，无形中鼓励了大量粉丝和感兴趣的用户在社交媒体中大力为特斯拉推广 Cybertruck。

第二节 让定价成为公司商业竞争的武器

向用户们预告，未来的更优惠版本价格

长续航里程版本，售价预计在 47000 美元左右；到了 2021 年的某一个时候，我们将推出更便宜的标准版本，价格能够到

39000 美元左右。

——2019 年 3 月 14 日，Model Y 发布会

消费者的购车旅程一般都是"五步走"：看到了（Awareness）、喜欢了（Interest）、买下了（Purchase）、爱上了（Loyalty）、推荐了（Advocate）。

从消费者购买旅程上来说，只有品牌有在产品和价格上都能够满足消费者的车，消费者才会从"看到了"，真正进入到"喜欢了"这一环节。在产品配置和价格上，最佳的策略无疑是"一网打尽"。

要知道，智能汽车可不便宜，消费者对价格是很敏感的。有的人想买高配，但又觉得太贵；有的人想买低配，但又觉得不够好。特斯拉就是要满足所有人的需求，让他们都能买到心仪的车。

那些因为价格而对高配产品望而却步的消费者们，会耐心等待更加优惠的产品上市。因为特斯拉已经让他们从"看到了""喜欢了"走到了"买下了"的门口，只差一步就能成为特斯拉的车主。

对于智能汽车这样的昂贵产品来说，消费者对价格会表现得很敏感。面向不同预算的潜在购车消费者，提供对应的产品，能够在最大程度上，获取最终购买用户。

提前宣布涨价，推动用户下单购买

在特斯拉软件系统的新版本（以下简称 FSD）发布后，FSD 在北美的价格将于 9 月 5 日涨至 1.5 万美元。对于 9 月 5 日之前下的订单，将按照当前 1.2 万美元的价格执行，但订单的交付将稍晚。

——2022 年 8 月 21 日，马斯克推特

如果长期观察特斯拉的定价策略会发现，特斯拉的汽车硬件一直在降价，特斯拉的自动驾驶软件却一直在涨价。

由于在生产环节的持续完善，特斯拉有能力持续降低每辆车的硬件成本。而自动驾驶软件的持续升级与优化，会提升特斯拉软件的价值，将会对用户越来越有吸引力。软件的好处是，升级一次，全球受益，成本几乎为零。由于软件接近零成本的优势，会显著提升特斯拉的毛利率水平。

但特斯拉并不贪心，马斯克在特斯拉的硬件和软件之间，找到了一个平衡点，让汽车的价格既能吸引消费者，又能保持竞争力。

马斯克是一个价格设计的高手，在每次特斯拉的软件系统要涨价之前，他都会在社交媒体上发个预告，告诉大家赶紧下单，不然就要错过优惠了。

这样一来，那些还在犹豫不决的用户就被马斯克给逼到了悬崖边：要不要买呢？还是买吧，这样省下 3000 美元呢！

坚持以成本定价，同时创造高毛利率

特斯拉价格调整的背后，涵盖了无数工程创新，实质上是独一无二的成本控制之极佳定律：包括但不限于整车集成设计、产线设计、供应链管理，甚至以毫秒级优化机械臂协同路线……从第一性原理出发，坚持以成本定价。以实际行动响应国家号召，促进经济发展，释放消费潜力。

——2023 年 1 月 6 日，特斯拉中国区副总裁陶琳

> 特斯拉的定位远比其他任何汽车公司都有优势。如我所说，汽车能够通过合适的更新实现自动驾驶，这一点非常关键。这一点非常关键，没有其他公司能做到这一点。现状是，我们的毛利率高于其他任何公司，这给了我们更多的空间，来降低毛利率以维持或增加需求。
>
> ——2022 年 12 月 22 日，马斯克参加推特空间讨论

2022 年年底，特斯拉开始在全球范围内进行大幅度降价，马斯克在推特的一场活动中解释："我们的毛利率高于其他任何公司，这给了我们更多的空间，来降低毛利率以维持或增加需求。"

特斯拉不走寻常路，它用第一性原理把汽车做到了极致。从设计到生产，从供应链到管理，特斯拉一直都在追求最高的效率。这让特斯拉在汽车行业里独领风骚。

有了这样的实力，特斯拉在价格上也玩得很"任性"。它不会随波逐流，而是根据自己的节奏，调整价格。只要它能再提高一点点效率，降低一点点成本，它就会大方地降低汽车的售价。

特斯拉的"任性"还有一个秘密武器，那就是自动驾驶技术。随着自动驾驶技术越来越完善，越来越多的人会购买特斯拉的自动驾驶套餐，让特斯拉的软件价格也水涨船高。这样一来，特斯拉的利润就会居高不下。

特斯拉并不担心市场竞争。它有足够的本钱发动价格战，抢夺市场份额。第一性原理带来的效率提升，让它的生意飞轮旋转得飞快。

第三节　用充满话题性的周边产品，来收割品牌溢价

买我的香水，这样我就可以买下推特

> 地球上最棒的香水！
> ——2022年10月12日，马斯克推特

> 法国科技创新展览会：你不需要任何的介绍，你的名字就是一个品牌，它代表着创新、雄心，代表着……
> 马斯克：也代表着香水。
> ——2023年6月16日，马斯克接受专访

2022年10月，马斯克在自己的"无聊公司"（The Boring Company）网站上，卖起了一款名叫"烧焦头发"（Burnt Hair）的香水。这瓶香水的味道被形容为"令人反感的欲望""能让你在人群中脱颖而出"。

马斯克曾在当年9月发布过一张带有"烧焦头发"（Burnt Hair）字样的概念图，为香水发布预热。10月9日，马斯克发布了产品图，再次预告"香水即将到来"。

10月12日，马斯克的香水正式揭开面纱。马斯克还把自己的推特简介改成了"香水推销员"，并发推开玩笑称："请买我的香水，这样我就可以买下推特。"[1]

这款香水的价格不菲，要100美元一瓶。但马斯克的粉丝们并不在

---

[1] 此时马斯克正在寻求以440亿美元的价格收购推特。

乎，他们马上抢购了2万瓶，让马斯克快速赚到了200万美元。而马斯克的推特也被点赞和转发了数万次。

"像我这样的名字[①]，进入香水行业是不可避免的——为什么我要奋斗这么久。"马斯克得意地发推说道。

这次香水营销，让马斯克旗下这家已经沉寂很久的"无聊公司"再次进入到主流视野。马斯克就是用这种出其不意的方式，为自己旗下品牌刷存在感。他不但收获了流量，更是实实在在地赚取了利润。

设下"赌局"，售卖鸭舌帽与火焰枪

> 如果我们卖出超过50000顶帽子，那就会开始销售火焰喷射器。
>
> ——2017年12月，马斯克推特

> 当僵尸大灾难发生时，您会很高兴自己买了一个火焰喷射器。对抗成群的僵尸，或退款！
>
> ——2018年1月28日，马斯克推特

2017年10月，马斯克说要卖一种帽子，帽子上面会写着"无聊公司"（The Boring Company）。他甚至把自己的推特简介上特斯拉CEO等头衔删除，改成了"帽子推销员"（Hat Salesman）。没想到，这种20美元的帽子，三周就卖了3万顶。

马斯克进一步在推特上打赌，如果卖到5万顶，就会卖火焰喷射器。

[①] 马斯克（Musk）的英文也有麝香的含义。

结果，帽子真的卖到了 5 万顶，2018 年 1 月，火焰喷射器就出现了。令人震惊的是，这种 500 美元的火焰喷射器，4 天就卖光了 2 万支。

算一算，马斯克只靠卖帽子和火焰喷射器，就赚了 1100 万美元。

马斯克的"无聊公司"挖隧道的速度不快，但卖周边产品的速度很快。为了吸引大众的眼球，马斯克总是想出一些奇思妙想，卖一些奇奇怪怪的东西。就这样，"不务正业"的马斯克亲自带货"奇葩周边"，实现了流量与利润的双丰收。

别给苹果交智商税，快来买我的哨子

> 别给苹果抛光布交智商税，快来买特斯拉哨子吧！
>
> ——2021 年 12 月 1 日，马斯克推特

2021 年 12 月 1 日，特斯拉又出新品了，这次是一款口哨，叫赛博口哨（Cyberwhistle）。这款口哨的样子像特斯拉的电动皮卡（Cybertruck），价格也不便宜，要 50 美元一支。这款口哨一上市就被抢光了，马斯克说它是限量版。

马斯克还说，这款口哨是用医用不锈钢做的，表面很光滑。口哨上还有一个小配件，可以增加它的用途。

马斯克在推特上为这款口哨打广告。他说："为特斯拉鸣笛！"（Blow the whistle on Tesla！）然后又说，"别买苹果那个傻乎乎的抛光布，来买我们的口哨吧！"（Don't waste your money on that silly Apple Cloth, buy our whistle instead.）

2021 年 10 月份，苹果公司曾推出了一款售价 19 美元的抛光布。当时，有不少人吐槽苹果的这一售价过高。马斯克看准时间，决定跟随

苹果的热点，推出售价高达 50 美元的口哨。借助这一波，特斯拉不但收获了流量，还小赚了一笔。

擅长推出无厘头产品的马斯克，也擅长寻找合适的时机蹭热点，推出自己的"奇葩新品"。与苹果这样的顶级品牌 PK，并不会减损特斯拉的品牌价值。而这些无伤大雅，却充满趣味性的商品，反而会拉近与特斯拉的用户们的距离。

马斯克知道，基于粉丝们对特斯拉的喜爱，他的哨子根本就不愁卖。

自嘲破产借酒消愁，快来买我的龙舌兰酒

> 特斯拉由于耗尽了所有的资金，将宣布破产，而马斯克则用一瓶"特斯兰"浸透了他的悲伤。
>
> ——2018 年 4 月 2 日，马斯克推特

马斯克在 2020 年的造酒计划始于两年前他开的一个玩笑。

2018 年 4 月，特斯拉（Tesla）与龙舌兰（Tequila）的英语单词相加形成的"特斯兰"首次出现在马斯克的推特中。彼时，马斯克发文称："特斯拉由于耗尽了所有的资金，将宣布破产，而马斯克则用一瓶'特斯兰'浸透了他的悲伤。"这是马斯克对于自己为了制造 Model 3 而倾尽所有的自嘲。

2020 年 11 月 6 日，特斯拉在其官方网站推出了同品牌龙舌兰酒（Tesla Tequila）。该款酒被特斯拉描述为"独家、小批量生产的高档酒，百分之百采用龙舌兰草酿造"。酒被装在一个闪电形状的玻璃酒瓶中。一瓶酒的容量为 750 毫升，酒精度 40%，售价 250 美元。

这酒一上市就被抢空了，特斯拉官网上显示"售罄"。有人把空瓶

拿到 eBay 上卖，竟然卖到了 1420.69 美元。

有网友调侃："你以为特斯拉是个汽车品牌，不，它是世界上最大的百货公司。"

酒和汽车本来不搭边，马斯克却把一个"破产玩笑"变成了真的酒。他用这种方法，让特斯拉再次成为市场焦点，同时赚取了利润和流量。

嘲笑做空者，为其制造"做空短裤"

> Tesla 将用带有金色饰边的亮红色缎面制作精美的 SEXY 短裤。
>
> ——2020 年 7 月 2 日，马斯克推特

2020 年 7 月，马斯克宣布，特斯拉将制造超棒的"做空短裤"（short shorts）。马斯克开玩笑称，自己将给"做空者致富委员会"（Short seller Enrichment Commission[①]）寄一点来安慰他们，让他们度过这段困难时期，不要太难过。

"Short"在英文中有做空的意思，马斯克卖这种短裤，就是想嘲笑那些看不起特斯拉的人。因为特斯拉的股价一直在涨，让那些做空的人亏了很多钱。而红色的短裤，是因为美股里红色代表跌。短裤上还有金色的字，写着"S3XY"，是特斯拉的四款车型，也可以理解为"SEXY"。

这条红色"做空短裤"让特斯拉再次成为焦点。马斯克通过出售这款短裤，向大众讲述了一个"特斯拉战胜空头"的胜利故事。绿光资本创始人大卫·爱因霍恩（David Einhorn）后续还曾在推特上大方地晒出

---

① 暗指美国证监会（SEC）。

了马斯克寄给他的"做空短裤"。

马斯克通过出售这款"做空短裤"一举三得:第一,赚到了真金白银;第二,嘲笑了做空特斯拉的投资者,同时展现了特斯拉的幽默感;第三,为特斯拉获取了大量关注与流量。

在卖车之余,马斯克充分利用了特斯拉的高品牌溢价性,通过推出有趣的周边产品,一次又一次地收割利润和流量。

本章回顾
如何设计有统治力的价格？

⁝ 消费者对一个品牌的形象认知，就像对一个人的第一印象，很难改变。一般来说，一个高端品牌如果想走亲民路线，比较容易；但一个平价品牌如果想走高端路线，就很难了。

⁝ 提前发布，数年后量产的产品，有三大好处。一是抢占消费者的心智；二是给市场带来想象力；三是给产品打磨留出时间。

⁝ 利用消费者的炫耀心理，在合适的时机，让订购费可以全额退款，就能让很多粉丝和用户在社交媒体上免费为自己打广告。

⁝ 在每次自动驾驶套餐涨价前，提前在社交媒体上发预告，并提醒用户赶紧下单，享受优惠价，就能促进有意向的用户购买。

⁝ 当公司业务进展缓慢时，不妨卖一些周边产品，制造一些话题，既能赚一些周边利润，又能让大众关注品牌。

第六章
让 CEO 变成公司最大的移动广告牌

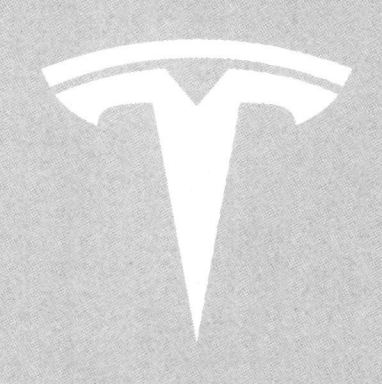

科技观察者莱恩·布朗（Lane Brown）于2022年发表在《纽约杂志》上的一篇文章中写道："有些亿万富翁拥有杂志和报纸，但马斯克可能建立了一个更大的东西，一个分散的媒体帝国，把他的每一句话放大为大量的评论和点击诱饵，这样所有的赞扬、诚实的批评和愤怒的行为都可以相互抵消，他身上就像穿了一层护甲。"

品牌是一家公司战略的外显化展示，需要公司的老大亲自管。在社交媒体如此发达的今天，每家公司的CEO都会在不知不觉间成为公司的"移动广告牌"。

而一家公司最好的故事，一定是来自公司的CEO。因此，要充分建设和利用公司创始人或CEO的个人品牌。而每一个CEO都应该努力成为自家品牌最大的媒体。有些公司的CEO不愿意见媒体，不喜欢和外界交流，在现在这个时代，这样的CEO是不称职的。

在经典的品牌营销4P理论中，除了产品（Product）和价格（Price）之外，促销（Promotion）和渠道（Place）占据了半壁江山。在马斯克的品牌管理方法中，最特别但有效的地方就在于，马斯克把自己变成了自家品牌最大的"促销员"和"促销渠道"。

如果仔细观察马斯克的每次访谈，从背景到衣服，都暗藏很多玄机。马斯克已经成了他的一系列公司的"超级媒体"，大众和媒体如果想要了解特斯拉、SpaceX 或者任何一家马斯克旗下公司的最新动态，只能从马斯克的推特账号获取，或者从马斯克主持的发布会，或接受的外部媒体获取。

马斯克用一种奇妙的方式，让自己成了公司最大的促销大使、最大的移动广告牌。

第一节　参加影视剧与各类采访中的技巧

出演《钢铁侠2》，坐实"当代钢铁侠"名号

　　钢铁侠托尼·斯塔克（上前问候马斯克）："埃隆，最近怎么样，那些梅林发动机真是太赞了。"

　　马斯克（直接提了一个新创意）："我有个关于电动飞机的想法。"

——2010年，电影《钢铁侠2》

　　我要指出的是，《钢铁侠》只是部分以我为原型，因为我有五个孩子，钢铁侠则是个快乐的单身汉，不过我觉得这（成为钢铁侠原型）也挺酷的。我们有一个由乔恩·费儒（Jon Favreau）捐赠给SpaceX的钢铁侠雕像，上面有全体演员的签名，包括斯嘉丽·约翰逊（Scarlett Johansson）。

——2011年9月23日，马斯克接受问答网站采访

　　《钢铁侠》主演小罗伯特·唐尼这样评价马斯克："马斯克和钢铁侠史塔克是一类人，他们一旦抓住一闪而过的创意，就为自己的想法倾尽所有，一秒钟都不会浪费。"

　　2008年，《钢铁侠》的导演和主演都很头疼，因为他们不知道怎么拍摄钢铁侠的感觉。他们去了当时最先进的航天公司，但还是觉得不够未来。电影的拍摄停了一周，直到他们遇到了马斯克。

　　主演唐尼觉得，特斯拉跑车就是钢铁侠的最佳搭档。在马斯克的公司里，他看到了能飞能回收的飞行器，看到了用太阳能和电池建的未来

交通，看到了一辆超酷的纯电动跑车 Roadster。

在拍摄《钢铁侠》的时候，唐尼一直想象着马斯克的样子，并坚持在电影里放一辆特斯拉跑车，"如果能先拿到一辆 Roadster，就能证明钢铁侠的出色"。

马斯克也很乐意参与这部电影，他知道这对他的个人品牌有好处。他不但参与了钢铁侠人物设定的讨论，把特斯拉 Roadster 植入《钢铁侠》，还亲自客串了《钢铁侠 2》，扮演"马斯克"。这部电影的摄影组还租了马斯克的 SpaceX 作为拍摄场地。

在流行文化中，给创始人的个人品牌找一个标签，让个人品牌和流行文化相结合，可以让大众快速认识创始人，也可以让传播更快速扩散。

就这样，马斯克和"钢铁侠"的关系开始被热议。这更加巩固了马斯克"现实钢铁侠"的名声，也让"硅谷钢铁侠"的绰号更有说服力。

通过参加不同受众喜欢的节目类型，放大个人影响力

《钢铁侠 2》：在摩纳哥赛车俱乐部里，跟"钢铁侠"托尼对话。

《为什么是他》：出现在派对上。

《超验骇客》：在人工智能演讲中饰演观众。

《弯刀杀戮》：在片尾与男主角握手。

——马斯克出演的部分电影

《竞相灭绝》：马斯克带领摄制组参观特斯拉汽车制造厂。

《洪水来临前》：马斯克向莱昂纳多·迪卡普里奥解释超级工厂可以解决全球能源问题。

《回到太空》：马斯克和太空探索技术公司的工程师们开始一项历史性任务，他们要让美国航空航天局的宇航员重返国际空间站。

——与马斯克相关的部分纪录片

2022年9月，美国脱口秀主持人杰·雷诺面对镜头说道："今晚的《杰雷诺的车库》节目，我会见了有史以来最伟大的创新者之一，埃隆·马斯克。他将带我们独家深入游览壮观的SpaceX星城设施。他将向我们展示，人类对于火星生活的科幻梦想是如何成为神奇而触手可及的现实的。"

马斯克带着这位传奇主持人畅游了SpaceX的生产基地星城，并请其试驾了特斯拉还未量产上市的Cybertruck。马斯克定期会邀请意见领袖们探访特斯拉的超级工厂，或者SpaceX的火箭建设基地。他会在过程中详细介绍自家品牌的先进制造工艺，自己对征服太空的雄心壮志。而探访的整个过程，会被拍成电影或节目。

此外，马斯克还会拿出很多时间参加各种媒体活动，这些活动中有电视访谈，有播客访谈，有电影和纪录片，甚至还有喜剧和脱口秀。

随着网络技术的发展，受众的圈层越来越细。品牌方很难一次性影响到所有受众。马斯克通过积极参加不同类型的节目，"洗遍"各个领域的观众，让更多人认识他，并让很多人喜欢他。

在所有节目中扮演最真实的自己

《生活大爆炸》第9季第9集：在剧中扮演自己。感恩节他与主演NASA工程师霍华德·沃洛维兹一起在收留所当义工，并邀请霍华德·沃洛维兹与他一起工作。

《少年谢尔顿》第1季第6集：在此集片尾客串，扮演自己。

《瑞克和莫蒂》第4季第3集：客串配音其中角色"埃隆·塔斯克"（Elon Tusk），也就是剧里的多重宇宙中，嘴上长着獠牙的版本的自己。

——马斯克出演的部分电视剧

仔细观察会发现，马斯克不论是参加电影演出、电视剧演出，甚至是出演动画片，他所扮演的都是他自己的角色：埃隆·马斯克。

戏里戏外，他所扮演的都是最真实的自己。这是因为，马斯克之所以愿意出现，核心目的就是为了进一步建设自己的个人IP品牌，在不同的影视剧中，甚至是在动画片中，强化他个人"当代钢铁侠"的IP形象。与此同时，不论出演任何节目，马斯克的团队都会精心设计出场背景、台词话术，乃至穿着搭配的所有细节。

当马斯克持续不断地以各种出其不意的方式出现在不同的节目中，观众会逐渐认知到这位"超级英雄"的不同侧面，在潜移默化中，马斯克拉近了与不同观众人群的心理距离。马斯克以这种奇特的方式，让自己的超级个人品牌，变成了公司最大的移动广告牌。

永远乐观，敢于发出激进的技术预测

今年11月或12月，我们应该能够从加州的一个停车场一路开到纽约的停车场，全程无须任何操控。

——2017年5月3日，马斯克在TED上与克里斯·安德森谈话特斯拉什么时候能实现完全自动驾驶呢？马斯克的回答永远是这个：大概一年。看看马斯克的访谈视频就知道，早在2014年，马斯克就说自动驾驶会在一年内到来。

2017年，马斯克更是说五级（Level 5）的自动驾驶会在几个月内到来。马斯克还说，特斯拉会在2017年演示一辆特斯拉Model S从纽约开到洛杉矶，全程不用司机。

几乎每年，马斯克都会预测自动驾驶能实现的时间。事实上，自动驾驶到现在还没实现。

马斯克明白：只要你讲了一个有趣的故事，媒体会主动来找你，给你免费宣传。在想登陆火星和做自动驾驶这两件事上，马斯克展现了创业者的极度乐观精神。

这样的操作，有两个好处：一方面会让全世界的媒体关注到马斯克所做的事情，来报道和争论他能不能实现里程碑式的突破；另一方面，马斯克也用这种方式激励着自己和团队，在"现在"这段时间里，为了梦想去努力。

有趣的是，人们对马斯克这样的言论，往往会认真听一听，然后"随他去"。对于大众来说，如果"超级英雄"实现了目标，那当然是好事。如果超级英雄在挑战中遇到了困难，那也证明了他的坚持不懈。事实上对于大多数人来说，只会记住一件事：特斯拉和马斯克一直在致力于尽快实现自动驾驶。

在接受访谈时真情流露，展现铁汉柔情

> 我不知道什么叫放弃，除非我被困住或者死去；这些人都是我心目中的英雄。我真希望他们能来看看，我的工作有多么

艰难，真的很艰难。

——2017年12月10日，马斯克接受CBS电视栏目《60分钟》采访

在2017年12月的一场采访中，马斯克被主持人的问题所触动，罕见地展现了自己真情流露的一面。

当马斯克雄心勃勃地通过创办SpaceX，想把人类送上火星时，那些已经从事火箭事业几十年的美国人却一致反对马斯克的载人航天事业，他们讥讽道："你（马斯克）不懂这些你不了解的事。"这些人中甚至包括人类登月第一人：尼尔·阿姆斯特朗。

主持人追问马斯克："是他们的事迹鼓舞了你去做这件事，对吧？"马斯克回答："是的。"

主持人又补问："他们在你前进的方向上扔石头、百般阻挠……"此时马斯克的眼睛因为泪水在里面打转而变得格外晶亮，他通过使劲抿嘴来控制自己的情绪，但声音却无法控制地哽咽着。马斯克在节目中坦言："这些人都是我心目中的英雄。我真希望他们能来看看，我的工作有多么艰难，真的很艰难。"

在好莱坞的经典叙事逻辑中，弱点与力量相结合，才更有看点。实际上，没有人真的喜欢"完人"和"超人"。马斯克这样的"哽咽时刻"，让绝大多数人意识到，哦，原来他也会有这样的伤感时刻。超级英雄情绪化的一面，会让马斯克看起来更加真实、更加没有距离感。

第二节　背景、衣着与座驾中所隐藏的品牌元素

访谈中的工厂或园区场景应用借力

> 光是在这个建筑里走一圈就会感受到很神奇，会对它的规模有个基本概念。
>
> ——2023 年 5 月 16 日，马斯克接受 CNBC 记者专访

如果说访谈本身是在对外输出着公司的价值观，那么通过设计访谈背景，则可向全世界"安静"地介绍着自家品牌的"科技肌肉"。

在大部分媒体访谈过程中，马斯克都采用了特斯拉或 Space X 的工厂或基地作为背景。充满科技感的机械化工厂和高大的火箭背景，在潜移默化地向观众们展示着这些品牌底层属性。

当观众看到马斯克访谈背景中那些几十层楼高的火箭，那些高度自动化的钢铁机械，再聆听一下马斯克"飞向火星"的雄心壮志，"钢铁侠"的形象一下子变得更加伟岸起来。

很多商业大佬都深谙此道。巴菲特和老搭档查理·芒格在大部分的对外亮相中，都会在桌子上摆上可口可乐，而且经常在访谈中喝上一口。巴菲特甚至声称，他每天会喝至少五罐可口可乐。实际上，巴菲特和马斯克都在把自己当作传播渠道，为品牌代言。

但市面上绝大多数的商业访谈，品牌方都忽视了访谈背景的利用价值。在这一类商业访谈中，观众们看到的更多是空无一物的背景墙，或者是受访对象豪华奢侈的办公室。

对于接受媒体访谈的 CEO 们来说，自家产品、工厂、库房才是最好的访谈背景。

那穿什么最合适呢？

> 如果我快死了，那时我正穿着一件黑色高领毛衣，那我会尽我最后一口气将那件毛衣脱下来并扔得远远的。
>
> ——2017年11月15日，马斯克接受《滚石》(*Rolling Stone*)采访

在科技界有一种风尚，科技领袖们喜欢穿着同样一件衣服，让自己的公开形象保持统一。就像黑色皮夹克之于黄仁勋，黑色高领衫之于史蒂夫·乔布斯（Steve Jobs）。

《着装规范：时尚法则如何创造历史》一书的作者理查德·汤普森·福特（Richard Thompson Ford）曾分析："这会让人一眼就能认出来，有点像卡通人物或超级英雄，这种方式代表着拒绝时尚，同时又在借助时尚的力量。"

马斯克并没有遵循"硅谷传统"，但马斯克的穿衣风格也并非无迹可寻，除了在出席一些商务场合时不可避免地穿着西装，马斯克更喜欢穿着印有他公司品牌要素的黑色体恤。

在出席很多相对轻松的场合时，马斯克喜欢穿一件印着尾标（Model S plaid[①]）的黑色体恤。在出席另外一些与汽车相关的媒体访谈活动中，马斯克会选择穿特斯拉标志的体恤。在工厂场景中，他会习惯性地戴上印有特斯拉标志的鸭舌帽。

[①] 创意是来自20世纪80年代的电影《太空炮弹》，影片中战舰进入第三宇宙速度，战舰的动画也因此变为方格状彩色特效，大家纷纷感慨：他们进入了高速状态（They've gone to plaid）。

当出席与 SpaceX 相关的活动时，如果条件允许，马斯克则习惯穿着那件印有"占领火星"的体恤。相比每天只穿同一件衣服的乔布斯和扎克伯格，马斯克不能容忍自己放过这个绝佳的品牌营销机会。马斯克更喜欢以多变的形式，把"品牌"穿在自己的身上，为自家品牌代言。

驾驶特斯拉，一个真正移动的广告牌

> 关于特斯拉 Roadster，我想很多人对此都很熟悉，它是一辆双座跑车。事实上，我的车是第一辆 Roadster，就停在外面，如果任何人感兴趣，都可以去看一下。另外在圣莫尼卡大道上还有特斯拉的销售和服务中心，所以如果你想去看看的话，也可以去那里。下周，我们将交付第 100 辆车。
>
> ——2008 年 12 月 6 日，马斯克在好莱坞假日派对上发表演讲

2023 年 5 月 9 日，在特斯拉得克萨斯州锂精炼厂奠基仪式现场，马斯克亲自驾驶一台 Cybertruck 入场，车上捆着几把铁锹，和背后正在忙碌的工程车相得益彰。为了向大众介绍特斯拉的 Cybertruck，马斯克经常会开着这辆车"兜风"。

对于一家车企的 CEO 来讲，没有比驾驶自家产品，更能够有广告效应的行为了。

在创立特斯拉的初期，马斯克会驾驶着 Roadster 穿梭在硅谷的马路上。在美国一些科技媒体的镜头里，偶尔也能够拍摄到马斯克独自驾驶着尚未正式量产上市的 Cybertruck。

在更多的商业场合中，马斯克的座驾是一辆白色的特斯拉 Model Y。

如果你关注 SpaceX 的新闻,你会发现,航天员所乘坐的,同样是 Model Y。

如果说巴菲特是通过随时随地喝可口可乐为品牌代言,马斯克的代言方式则是:随时随地"开着"他的品牌。

第三节 表达对人类未来的终极关怀

从根本上而言,我爱人类

> 我想我之所以关心我们成为一个多行星生存的地球物种的基础是,从最根本上而言,我爱人类。因此我希望看到人类繁荣,做伟大的事情,能够幸福。如果我不爱人类,我就不会关心这些事情。
>
> ——2021年12月29日,马斯克参加莱克斯·弗里德曼播客访谈

在大量的访谈节目中,马斯克不吝于对外分享他对人类未来的畅想,人们能够轻易地感受到这位科技大佬所表现出的真诚。

埃隆·马斯克的终极叙事是:登陆火星。而这个目标,则缘起于马斯克对人类的爱、对地球的爱。就像马斯克表述的,从最根本上而言,他爱人类。

如果从马斯洛需求层次理论切入分析,马斯克的这个火星梦,可以说是人类在现代世界中最狂野的梦想,最高级的"自我实现"。这里所谈及的"自我实现",不仅仅是马斯克个人的,更是整个人类,乃至整个地球所有物种的"自我实现"。

从这样的出发点出发，再去讲述所有与公司品牌相关的故事，一切都变得轻而易举、顺理成章。创办 SpaceX 正是为了生产远征火星所需要的跨星球交通工具；创办特斯拉，是为了未来在火星上充分使用太阳能资源；创办 Neuralink，则是为了人类能够在未来拥有更高效的交流方式……而面对这样的品牌愿景，地球上的绝大多数人都会脱帽致敬。

正是由于马斯克所表达的对人类的大爱，把他的个人品牌，从最根本上与其他企业家区分开来。这个男人所做的一切，都是为了人类种族整体的"自我实现"。

在危急时刻，为世界提供显而易见的价值

> 特斯拉团队已经为世界各地许多比较小的岛屿做到过这些，并没有可扩展性方面的限制，因此我们也可以为波多黎各做到这一点。最终是否可操作的决定，掌握在波多黎各政府、公共事业委员会、任何商业利益相关者，以及最重要：掌握在波多黎各人民的手中。
>
> ——2017 年 10 月 5 日，马斯克推特

2017 年 10 月，波多黎各遭受了飓风侵袭，当地的电力系统遭到了严重破坏，当地政府官员通过推特向世界各界求助。马斯克看到这一消息之后立刻表示，特斯拉愿意为受灾地区提供支援，帮助波多黎各恢复电力供应。

马斯克在推特上表示，他可以通过应用特斯拉现有的太阳能或电池存储技术重建波多黎各遭受破坏的电网。波多黎各总督里克·罗塞洛

(Rick Rossello)很快做出了回应。

当时,波多黎各正加紧恢复医院等高需求单位的电力供应,但由于接连遭受天灾重创,恢复全部地区的供电还需至少半年时间,而特斯拉的家用储能电池产品(Powerwall)正好可以在这段时间派上用场。

在此次支援中,特斯拉向受灾地区提供了家用储能电池产品,并安排相关工作人员协助安装电池,修复太阳能电池板,为家庭提供紧急电力,帮助波多黎各度过这段电能中断期。

对于品牌来说,在特殊时机做一些有意义的慈善工作,会让品牌同时收获公益属性和新闻流量。在危急时刻,为世界提供显而易见的价值,能够加倍地提升大众对品牌的认可度。

马斯克非常善于寻找为社会难题提供解决方案的机会。当社会出现了难题,品牌方应该快速识别机会,并从自身能力出发考虑,争取不求索取,但求出力并解决问题。

尊重其他国家的文化,不吝赞美

> 我与中国政府打交道的经验是,他们对人民的反应非常积极,事实上,他们对人民幸福的反应可能比美国更积极。当我与中国政府官员会面时,他们一直对此非常关注:人们会因为这件事而高兴吗?这真的会造福于人民吗?他们实际上很关心人民的福祉。
>
> ——2021年5月,马斯克接受施普林格(Springer)集团CEO访谈

2019年1月，中国"嫦娥四号"探测器在月球背面成功着陆，在此前，人类还从来没有探测过这一区域。马斯克找到了新华社在推特上介绍中国这一成就的账号，并向"嫦娥四号"表示祝贺。

这一原本并不被美国人所熟知的事件，在经过马斯克的推特祝贺之后，被大量转发。

来自中国的推特粉丝自然会深感自豪，美国的推特用户则会发现，马斯克关注着全球的航天事业的进展，同时这位"钢铁侠"不介意美国以外的其他国家在航天领域取得重要突破。当然，这是"钢铁侠"这个人设应该拥有的格局和胸怀。

与在美国动辄批评美国政客不同，马斯克在对海外市场方面表现出了美国CEO中比较罕见的谦逊、理智、热情。马斯克曾这样对比特斯拉公司中的中美团队："特斯拉有一定竞争力，是因为特斯拉在中国拥有非常优秀的团队。坦率地说，特斯拉中国团队的敬业程度，是明显胜过美国团队的。中国员工的工作热情会更高。"

马斯克在谈论到其他国家时，会尤其尊重这些国家的文化。对于特斯拉这样面向全球的科技公司，如何处理与其他国家的关系是公关层面必须要做好的事情。

第四节　马斯克的平衡术，如何正确处理公关危机

第一时间发表声明回应事件

据统计，美国全国每年有15万起汽车着火事件，而美国人每年要开3万亿千米。也就是说每2000万千米就有一辆车

起火，而特斯拉开了 1 亿千米，才有一起着火事件。这意味着你驾驶传统汽油车遭遇起火的概率要 5 倍于驾驶特斯拉！

——2013 年 10 月 4 日，马斯克公开信

2013 年 10 月 2 日，一辆特斯拉 Model S 在美国西雅图的公路上撞车起火，事故现场的图片和视频很快传遍网络。这辆汽车前部着火，轮胎冒火，但驾驶舱和汽车后部没事。

特斯拉 Model S 是一款安全性很高的电动车，但视频的传播让公众对电动车的安全性平添很多疑问。特斯拉的股票在两天里跌了 10%。

在汽车起火的当天，特斯拉第一时间联系车主确认其安全，并发布紧急声明，承认着火的是特斯拉 Model S，但解释说是因为撞上金属物体导致起火，并不是自己着火。马斯克则通过 CEO 公开信解释了事故的经过。马斯克表示，事故的原因是汽车撞上金属物体导致一个电池组受损，但火焰只在车辆前部，并没有进入车厢。

马斯克还用数据来让公众安心。马斯克表示，全国的数据显示，每年有 15 万起汽车着火事件，而美国人每年要开 3 万亿千米。也就是说每 2000 万千米就有一辆车着火，而特斯拉开了 1 亿千米，才有一起着火事件。这意味着开传统汽油车着火的概率要比开特斯拉高 5 倍。

马斯克的及时回应让特斯拉在起火危机中得到了好评，有人说这是"教科书般的危机公关案例"。这里有两点值得学习：第一，及时联系车主，向公众介绍事故情况；第二，对起火事故作出全面分析和解释。

让事故亲历者为特斯拉做"无罪辩护"

在这起极端事故中，Model S 表现得相当出色。电池虽然

起火，但是在可控范围内，而网络上的照片则夸大了这一事实；我在未来还会继续购买特斯拉的产品。

——2013年10月4日，起火特斯拉的车主
罗伯特·卡尔森（Robert Carlson）

罗伯特·卡尔森（Robert Carlson）是起火特斯拉的车主，在一封给特斯拉销售副总的邮件中，他表示，自己在未来还会继续购买特斯拉的产品，并且一直是特斯拉的"狂热粉丝"。

从打消大众疑虑的角度出发，没有比"苦主"站出来力挺品牌更有力的了。当然做到这点并不容易：第一，不能说谎，需要确定事故的确另有他因；第二，做好与事故亲历者的沟通，争取其为品牌做公正发声。

直接有力地回击媒体的恶意报道

我们以为记者就应该是中立、公正的，我们之前接触的《纽约时报》记者都是这样，《纽约时报》也是一家以新闻诚信为傲的媒体。因此我们没有读他（John Broder）之前写过的文章，也不知道他毫不避讳自己对电动汽车的蔑视。结果我们被耍了，让电动汽车界失望了。

——2013年2月13日，马斯克撰文《独特无比的试驾》

2008年6月，第一辆Roadster发售。英国BBC知名汽车节目"巅峰拍档"（Top Gear）在节目中称Roadster只可续航90千米，而不是特斯拉所说的大约320千米，马斯克马上起诉了"巅峰拍档"。

马斯克还曾和《纽约时报》记者约翰·布罗德（John Broder）关于

电池续航问题大打"口水战"。当时布罗德撰文称,特斯拉电池续航能力并不如宣传中那样出色,根本不足以从华盛顿开到纽约。

随后,马斯克在CNBC和推特上对布罗德的话进行了驳斥,他在推特上表示:"布罗德的文章很假,车辆行驶日志足以说明一切,那就是他根本没有充满电,并且还兜了一个圈。"

在面对外部媒体的批评时,马斯克会像保护自己的孩子一般保护品牌不受伤害。他通常会通过自己可以利用的各类媒体手段、法律手段,有理有据地质疑媒体对特斯拉的负面报道。

在面临负面报道时,和平从来不是一个选项。即便最终的法律判决并没有支持特斯拉,但对于品牌来说,这样的抗争也至少给予了那些支持者们信心。在品牌遭遇不公正的舆论审判时,创始人需要勇敢地站出来,有理有据地保护和捍卫品牌。

强调对自动驾驶与人工智能的安全理解

没有使用Autopilot的事故率会更高,我不是说Autopilot是完美的,想要实现无须注意力的自动驾驶,我们明显还有很多事情要做。当我们即使在复杂路况下,也实现了非常低的人工干预,并且全自动驾驶受伤率远低于人工驾驶,到那时候允许自动驾驶,而且无须集中注意力,才是有意义的。

——2021年12月14日,马斯克接受
《时代》杂志深度专访(获选2021年年度人物)

比较棘手的是使用人工智能作为武器会非常有诱惑力,事实上它很容易被应用在武器上,我认为最可能的危险是更多的人开始利用人工智能来彼此对抗，这是人工智能的危险所在。

——2018年9月6日，马斯克接受
《乔·罗根体验秀》（*The Joe Rogan Experience*）采访

2021年5月，马斯克在一场活动中表示："我们需要小心人工智能的到来，谁在使用它，谁在控制它，它会符合大众的最大利益吗？"

相比较其他科技领袖，马斯克在技术安全性方面表现得尤为"保守"。马斯克非常关注人工智能技术、自动驾驶技术的安全问题。他会在不同的场合中，强调"全自动驾驶受伤率必须远低于人工驾驶"时，自动驾驶技术才能够被广泛应用。同时，他也一直在高声疾呼，成立一个监管机构来确保人工智能技术的安全。

从业务品牌和个人品牌两个角度，对安全性再强调也不为过。

回到马斯洛需求层次理论，如果特斯拉的汽车不能够满足最基本的"安全需求"，一切品牌价值都无从谈起。而对于马斯克"当代钢铁侠"这个人设来说，大众最为恐惧的就是好莱坞电影中那些丧失理智，但又手握顶尖技术的科技狂人们。马斯克深知这一点，因此一直在不遗余力地展现自己对技术安全性的极致追求。

本章回顾
如何让CEO成为公司最大的移动广告牌？

┊ 访谈背景会影响受众对品牌的印象。很多商业访谈，品牌方都忽略了背景的作用。人们常常看到的是空白的墙，或者是豪华的办公室。对于接受媒体访谈的CEO们来说，最好的背景就是自己的产品、工厂、库房。

┊ 大众对英雄人物的脆弱时刻很好奇。其实，没有人喜欢"完美"的人。适当的"哽咽时刻"，会让大多数人意识到，哦，原来成功人士也会有感伤的时候。这让"超级英雄"的形象看起来更立体、更真实。

┊ 在流行文化中，给创始人的个人品牌找一个标签，让个人品牌和流行文化相结合，可以让大众快速认识创始人，也可以让传播更快速扩散。

┊ 在遇到车辆安全事故时：第一，及时联系车主，向公众介绍事故情况；第二，对安全事故做出全面分析和解释。如果可能，让事故亲历者为品牌说话。

对于科技品牌来说，安全性永远是重点。首先，如果产品不能满足最基本的"安全需求"，一切品牌价值都没有意义。其次，大众最怕的就是那些失控，但又掌握顶尖技术的科技狂人们。所以，创始人应该不断地向外传达，自己对技术安全性的极端追求。

第七章
1.4亿推特粉丝背后的运营策略

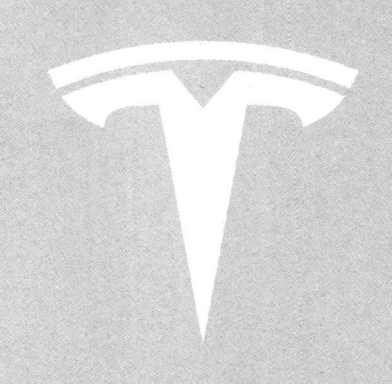

"请忽略之前的那些推文,是有些人在仿冒我。这个账号才是真正的我。"2010年6月,埃隆·马斯克在推特上发出了自己的第一条推文[①]。马斯克可能自己也没想到,他会成为这个平台最多粉丝的"大V"之一,他甚至最终成了这个平台的老板。

马斯克使用推特的方式,是他品牌管理方法最好的诠释。马斯克从第一性原理出发,认为最高效传播公司品牌信息的渠道是:不靠媒体,自己发声。像推特这样的社交媒体,可以让品牌直接讲述自己的故事。通过用推特,马斯克直接跳过传统的媒体,以最直接的方式向大众传递自己和公司的信息。这种去掉"中间商"的做法,不仅可以省下很多公关费用,而且比通过媒体发声效果更好。

马斯克的推文很随意,有时很搞笑,有时很生气。他喜欢用短小、不在乎语法的口语句子。正是这样有血有肉的内容,让公众觉得马斯克的推文很有意思。

这也就能解释,为什么马斯克那么热衷于发推特。因为他的推特就

---

① 2009年6月,马斯克正式注册了推特账号。

是特斯拉最好的广告和最大的流量。马斯克的推特账号全面展示着自己的所思所想和生活细节，这让他变得更真实，而不是那种只说公关话的CEO。

推特成了马斯克旗下各家公司发布产品最新进展的舞台。有1亿粉丝的马斯克有着不可忽视的"权力"。有趣的是，除了特斯拉，马斯克品牌矩阵中的每一家公司，都从自家老板这个"超级媒体"中受益颇多。

马斯克已经成为自己一系列公司的"超级媒体"，大众和媒体如果想了解特斯拉或者任何一家马斯克旗下公司的最新信息，只能从马斯克的推特账号中获取。

第一节　持续发推特，量变引发质变

在马斯克眼中，推特的独特价值

> 你用你的发型来表达个性，而我，用推特。
>
> ——2018年12月，马斯克接受CBS电视栏目《60分钟》采访

任何一家公司的CEO，因为工作的特殊性，即便是在朋友圈发一条感慨，也会被所有人视为这家公司的声音。

马斯克的做法与我们熟知的大部分CEO不同，他们往往将社交资产视为另一种营销工具，甚至是一项任务。马斯克则深刻意识到了推特的价值，就像他所说的："我认为推特是最好的发布方式。它会立刻传播给所有人。"

从内容保真度、发布速度、发布数量、发布成本四大维度来看，在当代的舆论环境下，利用推特的确是一个完美的选项。

第一，最大程度维持内容的保真度，用自媒体传播，可以最大程度降低信噪比，不存在媒体曲解原意的现象。

第二，推文最核心的操作就是编辑，然后点击发布。很容易理解，这是一家公司可以对外发布信息的最短渠道。

第三，推文没有数量限制，品牌可以无数量限制地对外进行信息发布，以量取胜、饱和攻击。

第四，除了一定程度上消耗了CEO的精力，公司几乎用零成本实现了全方位、立体化的品牌建设。

此外，更好更多的推文将会吸引更多的粉丝，更多的粉丝则将会有

更多的跟帖、转发，这一方面可进一步放大推文的传播效果，另一方面也能够激励 CEO 持续发文。这是一个高效且良性的"飞轮"。

马斯克账号的基本设置

——2023 年 6 月 13 日，马斯克推特

马斯克的老朋友比尔·李（Bill Lee）认为马斯克的各种表情和内容"很有魅力"，正是比尔·李在 2009 年，说服马斯克加入推特的。比尔·李认为："他可能是有史以来最具病毒式传播力的社交网红。"

魔鬼藏在细节之中，让我们来看一下马斯克的推特账号是如何设置的。

首先来看名字。2009 年 6 月，马斯克正式拥有了推特账号（elonmusk）。这世界上只有一个埃隆·马斯克，是的，没有比这个名字更适合的了。

接下来看头像。马斯克所选择的推特头像，是一张他身穿钢铁侠盔甲，直视前方的帅气照片。这张头像，提醒着每一个关注这个账号的粉丝，这个账号的主人是"当代钢铁侠"。

最后来看账号的背景图。马斯克推特账号的背景图是由4个星球所组成的一张星球组合图片。在背景图中，最左侧的是火星，最右侧的是地球。有趣的是，马斯克的头像就在火星之下。

在写作这一章节的时刻，埃隆·马斯克在推特上已经拥有了1.4亿关注者。马斯克的关注列表中共有330个账号，其中绝大多数人和他的商业帝国有一定的业务关联。这些账号中包括他的母亲梅耶·马斯克和妹妹托斯卡·马斯克，以及他的女友。

不论是马斯克的"钢铁侠"头像，还是地球加火星的背景图片，都不是随意为之。这样的搭配设计，与马斯克作为"当代钢铁侠"，将带领人类飞向火星的叙述高度吻合。

从品牌建设的角度看，从社交媒体的头像到背景图，乃至关注谁，都需要进行精心思考和设计，所有的元素都应配合创始人和公司的整体叙事。

平均每天发布6条推文，随时发

> 我已经拥有一亿两千七百万的粉丝，这个数字仍然在非常快速地增长。这表明，我颇受欢迎。我可能不受某些人的欢迎，但对绝大多数人来说，我的粉丝数量不言而喻。我也许是全球最具互动性的社交媒体账户，在推特上显然如此。
>
> ——2023年1月26日，马斯克出席特斯拉2022年第四季度的财报电话会

马斯克在 2009 年 6 月注册了推特，但一年后才发了第一条推文。从那以后，到 2023 年 6 月，马斯克已经发了 2.6 万条推文。这样算下来，马斯克平均每天发 5.5 条推文。

马斯克不分昼夜地发推特，无论是白天还是深夜，他都在发推特。

以 2020 年 5 月为例，当月马斯克一共发了 416 条推特，平均每天发 14.3 条。其中 323 条为回复，占总数的 77.64%，像个"高仿号"一样活跃。

一些"成熟企业家"的推特或微博账号，往往由公关部门或助理管理。任何的对外发布都要经过公关团队的精心打磨和考虑，企业家本人甚至都不知道。马斯克则自己掌握着自己的推特账号，公关团队只能在他发推后，想办法"收拾残局"。

马斯克曾直言："我发过的推文也不是每一条自己都赞成。当中有一些绝对是十分愚蠢的。但总的来说，好的更多。这是绕开媒体直接跟大家沟通的一种方式。"

马斯克就是这样，用推文来表达自己的想法、感受、行动。人们甚至能够从马斯克发推的频率中，感受到这位企业家的勤奋程度。而持续的发文，会让关注者们意识到：他是认真的，他是真的一直在用这个媒介，说出自己的真实想法。

勇于蹭热点，以引发关注

如果你希望说服公众做点什么，你需要思考，他们会如何阅读这些内容呢？我们希望传达哪些信息给消费者？人们就会对这些内容做出什么反应？如果我是人群中的一个客观的观察者，我会如何反应？如果你试图改变人们的想法，或者让人们对某件事情感到兴奋，你需要去思考，什么信息是有效的，什么会让大众感到兴奋？

——2015 年 10 月 7 日，马斯克与史蒂夫·尤尔维松在斯坦福未来峰会上的对话

2023 年 6 月 9 日，马斯克发推，对苹果新推出的头戴显示设备（以下简称 Vision Pro）进行了辛辣吐槽。马斯克发布了一张图片，在图片中，左边是一位戴着 Vision Pro 的女性，右边则是一个塑料袋里面装着几个蘑菇，上面写着："通过化学方式改变你，与 UFO 和外星人进行即时接触。"

在这之前的苹果开发者大会上，苹果正式发布了这款头显设备。该设备是一款增强现实头显，能"无缝"地融合现实和数字世界，在 AR 和 VR 模式间进行切换。不过该设备高达 3499 美元的售价也被人们广泛议论。

"科技博主"马斯克时刻检索着互联网上那些最受关注的事件，同时盘算着自己可以在哪些事件中"蹭热点"。在选定具体目标话题后，他会在自己的推特账号上发表颇为辛辣的评论推文。

这样的推文，一方面会直抒胸臆，展示自己对某一件科技热点事件的个人观点；另一方面也能够让自己的推文本身变成一则科技新闻，在科技媒体中被广泛传播。

这样的动作，能够拉近与粉丝之间的距离，让粉丝意识到：哦，钢铁侠和我想的一样！

通过个人发文进行活动营销，为推特引流

> 首场世界杯比赛这周日就要开始了！你能在推特上找到最好的新闻报道和实时评论。
>
> ——2022 年 11 月 19 日，马斯克推特

2022 年 11 月 19 日，马斯克发出第一条关于世界杯的新闻——"首场世界杯比赛这周日就要开始了！你能在推特上找到最好的新闻报道和实时评论。"这条推文的点赞数超过 60 万，评论数超过了 3 万条。

世界上最热门的体育赛事之一就是世界杯，马斯克也必定不会放过这个机会。而在随后的三四天里，马斯克不仅转发了世界杯相关视频，也再次重申："卡塔尔世界杯最好的报道，就在推特上。"

就像马斯克会时不时地在推特上展示特斯拉和 SpaceX 上的最新进展一样，他也乐于为推特摇旗呐喊。只不过，他是用自己的推特账号来宣传推特本身的价值。作为推特平台上粉丝量最大的账号之一，他绝对有资格这么做！

马斯克就是这样，一旦发现自家品牌的独特价值，马斯克从不吝于对外"吹嘘"和分享。

持续不断地与粉丝进行互动

> 我们之所以决定建设自己的超级充电站网络是迫于无奈，因为此前，从没有其他公司在做这件事。
>
> ——2023 年 6 月 14 日，马斯克在推特上回复"特斯拉硅谷车主俱乐部"（Tesla Owners Silicon Valley）

2023 年 6 月 14 日，马斯克在推特回复"特斯拉硅谷车主俱乐部"时称，特斯拉最初之所以决定建设自己的超级充电站网络是迫于无奈，因为没有其他人在做这件事。

"特斯拉硅谷车主俱乐部"当时写道："特斯拉知道电动汽车普及的最大挑战是充电，他们创建了一个无与伦比的充电网络和简单的标准，北美现在正将其作为标准。"

马斯克回复的对象并不是固定的，从拥有上万粉丝的大 V 到只有几十个粉丝的"小透明"，他都会回复。

根据《纽约时报》对马斯克的分析，在推特平台上，马斯克经常会"看到""点赞"和"回复"关于自己的消息，或者转发那些他的"支持者"用户发布的推文。《泰晤士报》发现，马斯克在半年时间内会回复多达几十次推文，而这些推文大多曾提到支持或投资马斯克的公司，或者是马斯克粉丝的留言评论。

马斯克在推特上随时在表演，就好像他只是一个"无名小卒"一样。推特允许他说出他的感受并回应他想要的任何人，通常不遵守任何规则。同时，他也很容易接近，随时准备回应关于他或他的任何业务的话题以及想法建议。他就是这样，持续不断地和粉丝进行着互动。

第二节　全方位展示最真实的自己

向粉丝立体展示钢铁侠的生活

在沙漠中的决斗，你不能要求一场更好的比赛了。阿根廷

和法国队的比赛，无与伦比！！！！（在世界杯决赛现场）

——2022 年 12 月 19 日，马斯克推特

我的床边小桌（摆放着四罐已经打开的可乐）。

——2022 年 11 月 28 日，马斯克推特

就像每一个普通人一样，马斯克会发一些自己的生活细节到推特上，如直播自己观看世界杯的现场，如发出一张放着一堆可乐的床边小桌。

马斯克充分了解大众对名人的猎奇心态，没有人在社交媒体上希望看到西装革履的 CEO 在一丝不苟地发着公司的公关稿件。

如果不真实，就很难被人信任。2019 年进行的一项品牌研究表明，个性、一致性和连续性这三个前提积极影响了消费者对品牌真实性的看法。换句话说，建立好一个品牌，需要尽量同时满足个性、一致性和连续性这三个要素。

马斯克会时不时发布一些有关自己个人生活的推文，这些内容充满特点，但都颇为有趣幽默。马斯克用这种方式潜移默化地打造着自己的真实形象。正是有血有肉的形象，让公众觉得这位 CEO 的推文值得关注。

因此，当运营像推特这样的自媒体时，如想成功，需要让自己的形象有特点且稳定，同时需要持续不断地发布推文。

偶尔发布一些出格的言论霸占舆论场

人类啊（Humankind）

煮豆燃豆萁

豆在釜中泣

> 本是同根生
>
> 相煎何太急
>
> ——2021年11月2日，马斯克推特

"本是同根生，相煎何太急。"当这首在中国家喻户晓的《七步诗》突然出现在马斯克的推特与微博平台上，人们开始对其深意争论不休。

有网友认为，马斯克是在回应当时被联合国官员"逼捐"一事。也有网友表示，马斯克是在暗指当时火热的虚拟货币。

更有人解读，马斯克提及的"Humankind"是一款以人类文明历史发展为题材的策略游戏，而他可能只是在单纯地抒发"玩后感"。

马斯克很喜欢利用推特激发外界的兴趣。有时，他的推文会从半开玩笑变成故意让人生气，挑战极限。

马斯克的推文可谓口无遮拦、不拘小节，充满了嬉笑怒骂。他喜欢使用短小，同时不在乎语法的口语化短句。互联网时代，大众不需要完美的英雄形象。

马斯克在有意无意之中，应用了"莱斯托夫效应"，这一效应是指在一系列类似或具有同质性的学习项目中，最具有独特性的项目最容易被记住。当存在多个相似的对象时，用户最有可能记住与其余对象不同的对象。

也许，马斯克发这首中文诗只有一个目的：引发网友的猜想，最终收获流量。

那些必不可少的幽默段子

> 请在我的墓碑上写上：发明了让汽车放屁。

——2018年12月23日，马斯克推特

在2018年的愚人节那天，马斯克曾发布了一条不太成功的玩笑推文。他表示，在遭受了一连串的坏消息打击后，特斯拉"彻底破产了"，包括产量不足、自动辅助驾驶系统（Autopilot）遭受监管审查、信用评级被穆迪进一步下调到垃圾级。这条推文导致特斯拉的股价下跌了8.1%。

而"正在考虑以每股420美元将特斯拉私有化，资金已到位。"这条推文则引发了长达数周关于其私有化交易的热烈猜测。这一切被证明是一个相当昂贵的玩笑。最终，马斯克支付了2000万美元罚款以和解美国证监会（以下简称SEC）的欺诈指控，并且在三年内不得担任特斯拉的董事长。特斯拉也支付了2000万美元罚款。

马斯克并不后悔，他随后在推特上表示罚款是"值得的"，并继续抨击SEC。

在社交媒体中，做个有趣的人至关重要。马斯克会不定期在推特上编排一些幽默段子，来引发网友的调侃和讨论。不管马斯克的一些荒唐玩笑为自己惹了多少麻烦，但至少在推特粉丝看来只有一个感想：这家伙的推特是真有趣啊。

发布一些引人遐想的内涵图片

图片配文：那些有推特账号但从不发文的人（People who have Twitter but never post anything）

——2022年12月17日，马斯克推特

> Elon Musk @elonmusk · 18/06/2023
> Oh hi lol
>
> people who have Twitter but never post anything

马斯克非常喜欢发一些"奇奇怪怪"的图片，引发人们的猜测和思考。这些图片也被称作"模因"（meme）。马斯克非常擅长借助这些有趣的图片来"造梗"。

"模因"指网上被广泛复制和分享的图片或视频。马斯克分享的"模因"有些是关于他的，有些看起来是原创的。

截至 2022 年年底，马斯克在推特上分享了 1181 张图片。自 2018 年 10 月以来，其中至少有 47% 是"模因"类图片。

有分析者认为，使用"模因"是马斯克在向追随者发出信号的一种方式，表明他"了解并跟上了互联网文化"。马斯克发布这些让人充满遐想的图片，有三个好处：既可以快速发文，又能够引发粉丝的无限思考，还能够展现马斯克好玩、有趣的一面。

第三节　将推特变成公司新闻发布平台

通过推特发布公司重大消息

> 坦率说，我和特斯拉长期以来一直使用推特免费为特斯拉打广告。我的账号和特斯拉账号在建立特斯拉的知名度，推动实际需求方面一直卓有成效。
>
> ——2022 年 12 月 22 日，马斯克参与推特空间讨论

2023 年 6 月，通用汽车宣布，将效仿福特汽车，接入特斯拉的超级充电网络。从 2024 年开始，特斯拉的充电网络将对通用汽车的电动车开放。

这相当于，传统汽车行业的两大巨头——通用和福特——都认可了特斯拉的超级充电网络。

两家公司的这次合作是在一场推特空间讨论上，通用汽车的 CEO 和马斯克一起宣布了这一消息。马斯克既为特斯拉带来了重大利好消息，同时为推特带来了关注流量。在这场线上对话之后，马斯克还多次在推特上与通用汽车的相关账号进行互动。

马斯克习惯于通过推特发布旗下品牌的重大业务消息。通过推特，媒体会第一时间获取马斯克旗下品牌的重磅信息，粉丝们则能够了解到偶像的最新动态。而马斯克所发布的任何公司信息，都会引发一轮又一轮的争议和讨论。推特平台本身，以及马斯克的推特账号，则最终收割了所有的流量。

有节制地转发旗下公司官方账号动态

> 猎鹰重型火箭载着一辆车前往火星。
>
> ——2018年2月6日，马斯克推特

有研究者经过调研发现，马斯克在推特里提到最多的还是特斯拉。去除无意义的干扰词之后，特斯拉（Tesla）被提及次数最多，其次是模型（Model）、好（Yes）、真好（Good）、发射（Launch）和猎鹰（Falcon）。

虽然特斯拉在全社交平台的营销投入费用基本为零，但这并不意味着特斯拉放弃了社交媒体营销，而是通过马斯克和特斯拉官博的高效互动，带来了出众的营销效果。

马斯克很明白"过犹不及"的道理，他可以保持着自己推特账号内容的平衡。如果马斯克的推特账号上全是特斯拉的广告，相信很多粉丝会觉得无聊。

因此，马斯克也有意在调和特斯拉等旗下公司和个人言论的比例。马斯克对发布自己的品牌相关信息表现得相对克制，让推文既保持了内容有趣，也实现了品牌宣传的作用。

证明特斯拉的安全性

> 极为不公平的是，Model S是迄今为止拥有最好的安全记录的车，没有任何伤亡记录。
>
> ——2013年11月19日，马斯克推特

2013年的第四季度，对特斯拉来说犹如噩梦。

2013年10月1日，美国西雅图的一辆Model S撞到路中央的金属物体，在车主安全靠边停车后自燃起火；10月28日，墨西哥的一辆Model S撞穿了一道水泥墙，最终撞在一棵树上停下来，在驾驶员离开的几分钟后自燃起火；11月6日，美国田纳西州的一辆Model S的底盘与掉落地面的拖车挂钩挂住后自燃起火。

马斯洛需求理论认为，安全是用户对任何一个品牌最基本的需求之一。对于一家智能电动汽车公司来说，连续的车辆自燃事件将极大地伤害到品牌。推特成了马斯克处理危机公关时的一把利器。

马斯克充分发挥了个人媒体作用，连续发文，通过伤亡率、客户满意度和官方调查结论等为特斯拉的安全性辩护和证明。也正是因为推特的特性，可以保证这些内容能够第一时间被扩散、讨论，被尽可能多的人所了解和认可。

展示工作，直播"重建推特"

> 正在走进推特总部。让水槽进去（let that sink in）。
> ——2022年10月27日，马斯克推特

2022年10月27日，埃隆·马斯克抱着一个"水槽"（sink）走进了推特公司的旧金山总部，他还将自己推特账号的公开自我介绍改为"推特老板"（Chief Twit）。

他在推特上发了一条视频，视频中他双手抱着一个水槽（sink）走进推特总部，并配文"正在走进推特总部。让水槽进去（let that sink in）"。马斯克这句话有双关之意。除了"让水槽进去"，还有"让它沉下去"的意思，同时它也是一种英文口语表达惯用语，意为"好好考虑"。

自从收购推特以来，马斯克不是在上头条，就是在上头条的路上。涉及的话题包括裁员、商业化、加班，等等。马斯克用自己的推特账号，真实地演绎了一场以"整顿职场"为主题的商业真人秀。

人们每天都在看着马斯克在推特内部所掀起的一轮又一轮的"风暴"，人们评论、嘲笑、讽刺，但最终这一切，都在无形中让马斯克继续免费拿到新闻头条，同时有效促进了推特的日活流量。马斯克在用这样的直播方式，讲述着自己重建推特的故事。

第四节　通过社交媒体发动商业公关战

对故意捣乱的品牌破坏者，正面对抗

> 由于激进团体向广告商施压，推特的收入大幅下降，尽管内容审核没有任何变化，我们也尽了一切努力来安抚他们。
>
> ——2022年11月4日，马斯克推特

2022年10月底，马斯克正式完成收购推特，他马上发现了一个问题：大批广告主正在离开推特。马斯克接管后的推特内容生态备受质疑。通用、辉瑞、奥迪等多家品牌当时表示将暂停在推特上投放广告。

此时，马斯克既是推特平台上备受关注的超级用户，也是这个平台的独资所有者。这样的身份，让很多广告商望而却步，广告商们担心马斯克对自己的言论没有任何限制，也担心推特未来将允许其他用户发表煽动性、挑衅性言论，散布明显不实的信息。

马斯克并没有坐以待毙，而是主动出击，首先将推特收入大幅下降

"归罪"于"激进团队",随后明确表示推特平台的内容审核没有任何变化,并表态将尽一切努力安抚广告商们。

短短几句话,马斯克对外快速清晰地解释了推特收入下降的原因,并释放了审核内容没有变化的信号。使用推特类社交媒体,企业可以快速、明确地对外发声,为自身的被动局面进行辩护和解围。而来自公司CEO铿锵有力的寥寥数语,要远比品牌发布一篇冗长且无味的公关文章更加有力量。

向苹果进行极限施压,重获广告

> 苹果已基本停止在推特上投放广告。苹果痛恨美国的言论自由?正在发生什么事情?
>
> ——2022年11月28日,马斯克推特

> 你知道苹果对你在苹果商店(App Store)上购买的任何东西都秘密征收了30%的税吗?
>
> ——2022年11月28日,马斯克推特

2022年11月,马斯克发现苹果这个广告主停止在推特上打广告了。苹果一直是推特的最大广告客户之一,推特甚至有一个完整的团队专门帮助公司维持与苹果的关系。每年苹果在推特上投放超过1亿美元的广告。

马斯克决定发动舆论战向苹果发难。在当月的一条推文中,马斯克发布了一张梗图:图中的方向标志显示,如果继续直行,汽车将支付30%的费用,但如果离开高速公路,汽车就会投入战争。而图片中的

马斯克，则义无反顾地驾车右转。

马斯克在另一条推文中还指出，在应用审查过程中，苹果曾威胁要将推特从其应用商店中移除，但苹果并没有解释为什么推特要被下架[①]。

马斯克同时向他的 1.19 亿粉丝发起了一项民意调查，询问"苹果是否应该公布其采取的所有影响其客户的审查行动"。在调查发起 15 小时后，有超过 188 万人投票，其中有 85% 的人选择了"是"。

在连发数条推文炮轰苹果的审核制度及"苹果税"之后，马斯克终于收到了苹果发来的"求和信号"。马斯克发推文称，自己和苹果 CEO 蒂姆·库克进行了友好的对话，解决了双方的误会。马斯克甚至还晒出了一段视频，称"感谢蒂姆·库克带我参观苹果公司的总部"。

舆论是一种特殊的权力。当危机来临，马斯克懂得如何最高效地使用他的推特账号。

发生在推特上的民意投票

> 最近我赚到的很多钱是未实现收益，这意味着没有缴税，所以我提议出售自己持有的 10% 特斯拉股票。你们支持这个行为吗？
>
> 选项 1：是
>
> 选项 2：否
>
> ——2021 年 11 月 8 日，马斯克推特

[①] 由于苹果的应用商店是用户下载推特的主要途径之一，一旦推特应用被下架，必然将失去一个主要的分发平台。

> 我应该辞去推特负责人一职吗？我会遵守这次投票的结果。
>
> 选项1：是
>
> 选项2：否
>
> ——2022年12月19日，马斯克推特

2021年11月7日凌晨3点17分，马斯克在推特发起了一项24小时的投票意见征询，表示："最近有很多人认为未实现收益是一种避税手段，所以我建议出售10%的特斯拉股票。你们是否支持这项提议？"马斯克强调，无论结果如何，自己都将遵守这次投票的结果。

这次推特"民意调查"虽然仅用时一天，却收集到了超过350万人次投票，此时马斯克的推特有6280万关注者。在350万参与该投票的推特用户中，有58%的人投了赞成票。

马斯克的举动并不是心血来潮，而是来自政策的压力——美国参议院民主党人当时公布了一项提案，建议对亿万富翁的股票和其他可交易资产征税，为总统拜登的社会支出法案提供资金，并填补被无限期推迟的资本利得税的漏洞。

最终，马斯克"如约"卖出了自己的部分特斯拉股票。不管他最终是否会卖掉特斯拉10%的股票，这也不过是马斯克利用推特平台及其粉丝大军激发市场对特斯拉和其他创业公司兴趣的"保留节目"。

通过在社交媒体上进行"民意投票"，实现一定程度"免责"。无论如何，众多网民的投票结果，对任何利益相关方来说，都是必须考虑的。马斯克在绝大多数的情况下，其实已经决定如何操作，而这一类的

投票，更多是作为对外公开解释的一种依据。

要和扎克伯格进行一场"铁笼赛"

> 我小时候，在南非参加过一些真正硬核的街头斗殴。
>
> ——2022 年 8 月 5 日，马斯克接受播客（Full Send）访谈

> Meta 拥有的社交媒体平台将把地球完全置于扎克伯格的控制之下，没有其他选择。
>
> ——2023 年 6 月 22 日，马斯克推特

2023 年 6 月，马斯克在自己推特上表示要和扎克伯格进行一场"铁笼赛"。

扎克伯格直接在 Instagram 上回复："给我地址。"元宇宙（以下简称 Meta）发言人更是煞有介事地告诉媒体：已确认扎克伯格并不是在开玩笑。

马斯克也没怂，直接在推特上回复："拉斯维加斯八角笼。"三言两语之间，一场科技圈大佬的线下约架就此达成。马斯克要和扎克伯格进行"铁笼赛"[①]对决，这一消息瞬间引爆了全网。

实际上这两位大佬之所以较劲，还是因为在商业上的竞争。马斯克曾经宣称扎克伯格垄断了全球的社交媒体，马斯克在推特上表示："Meta 拥有的社交媒体平台将把地球完全置于扎克伯格的控制之下，没有其他

[①] 铁笼赛是由综合格斗联盟（MMA）推广的一种比赛形式。这里的"八角笼"是指比赛场地周围的笼子，因为它有八个边角。

选择。"此外，马斯克还曾经宣称扎克伯格对人工智能的理解"很浅"。

扎克伯格则针锋相对，表示他一直认为推特应该有10亿用户使用，暗示推特并不成功。Meta在当时即将发布一款预计命名为"Threads"的新产品，就是为了和推特竞争。扎克伯格直言：要打造一个"有理智的推特"。相信真正的"铁笼赛"，更可能会发生在推特和"Threads"之间。

之后就发生了两人约架这件事。人们当然很难相信，这两个千亿富翁会真的如约打一架，不过一时间，围绕两人的身高体重、格斗技巧、实战经验等维度的对比分析弥漫全网。

马斯克在推特上"阴阳怪气"地批评扎克伯格，更是通过讲述了一个两位顶级富豪线下约架的梗，占据了好几天的全球科技媒体头条。

本章回顾
如何让创始人玩转社交媒体？

⋮ 利用推特这类社交媒体有诸多好处。

第一，可最大程度维护内容的保真度，用自媒体传播，降低信噪比，不存在媒体曲解原意的现象；第二，推文是一家公司可以对外发布信息的最快渠道；第三，无数量限制地对外进行信息发布，以量取胜、饱和攻击；第四，公司几乎用零成本实现全方位、立体化的品牌、市场和公关相关工作。

⋮ 魔鬼全部藏在细节中，从品牌建设的角度看，从社交媒体的头像，到背景图，乃至关注谁，都需要进行精心思考和设计，所有的元素，都应配合创始人和公司的整体叙事。

⋮ 以推文为媒介，持续地向关注者、向媒体发送着自己的所思、所想、所为。

当自己的一条推文被全世界所琢磨和讨论时，发文者一定是有快感的。量变会引发质变，持续的发文会让关注者们意识到：他是认真的，他是真的在意这个媒介，他在发出自己的真实想法。

- 在社交媒体中，CEO"看起来"是个有趣的人至关重要。

　　在推特上编排一些幽默段子，可以引发网友的调侃和讨论。不管 CEO 为自己的一些荒唐玩笑惹了多少麻烦，但至少在推特粉丝看来只有一个感想：这家伙的推特是真有趣啊。

- 作为一个"科技博主"，CEO 需要时刻检索互联网上那些最受关注的事件，适当"蹭热点"。

　　这样的推文一方面会直抒胸臆，展示自己对某一件科技热点事件的个人观点；另一方面也能够让自己的推文本身变成一则科技新闻，在科技媒体中被广泛传播。

- 尝试发布一些有趣的"模因"图片。

　　这类图片是 CEO 向追随者们发出的一种信号，表明 CEO"了解并跟上了互联网文化"。这些图片，既可以快速发文，又能够引发粉丝的无限思考，还能够展现 CEO 好玩、有趣的一面。

- 注意保持个人和公司相关推文的平衡。

　　如果推文全部是广告，很多粉丝会觉得无聊。可有意调和公司广告、个人言论相关的比例，让推文既保持内容有趣，也能客观实现品牌宣传的作用。

┆在社交媒体上进行"民意投票",可以实现一定程度的"免责"。无论如何,成千上万的用户的投票结果,对任何利益相关方来说,都是必须考虑的。

第八章
让你的发布会充满传播魔力

对于任何一个科技品牌来说，产品发布会都是对外展示实力的最佳舞台。

举办一场成功的发布会是一项浩大的工程。强如乔布斯，通常也需提前几个星期就开始为演讲做准备。一个原苹果公司的员工曾经回忆："这些演讲看上去只是一个身穿黑色上衣和蓝色牛仔裤的人在谈论新的技术产品，真实情况是每场演讲都包含了一整套复杂、精细的商品宣传、产品展示。为了5分钟的舞台演示，他的团队曾经花了数百个小时做准备。"

2021年5月8日，马斯克在综艺节目《周六夜现场》(Saturday Night Live)上自曝，自己患有阿斯伯格综合征。这类患者经常出现肢体笨拙和语言表达方式异常等状况，偶尔会发出怪声音。其症状一般在两岁前出现，并伴随患者终生。

很明显，马斯克"天生"不具备成为一个优秀演讲者的条件。这让马斯克无法像史蒂夫·乔布斯一样，成为一位舞台演讲大师。但特斯拉的每场产品发布会，几乎都会在科技界掀起一场狂风暴雨。

在科技界，马斯克的发布会风格独树一帜。马斯克开辟了一种科技品牌发布会的新范式：全面贯彻第一性原理的科技产品发布会。

第一节　发布会的议程设计

发布会：马斯克"营销日历蛋糕"上的那颗樱桃

　　1 月，全年及第四季度财报会

　　2 月，SpaceX 星舰发布会

　　4 月，特斯拉活动（Tesla Cyber Rodeo）

　　4 月，第一季度财报会

　　7 月，第二季度财报会

　　8 月，特斯拉年度股东大会

　　9 月，特斯拉人工智能日（以下简称 AI Day）

　　10 月，第三季度财报会

　　11 月，Neuralink 的最新进展发布会

　　　　——2022 年，马斯克出席的各类发布会列举

　　就像你所知道的，埃隆·马斯克是个大忙人。除了特斯拉每个季度的财报会，马斯克还需参加特斯拉等旗下公司对外的重要产品发布会。

　　综观全年，我们可以把马斯克的"营销日历"看作一个"蛋糕"。

　　最底层的"糕点部分"当然是他几乎每天发推特，除了对全球事务点评外，提供最新的旗下各家公司各类产品的进展；"奶油部分"则是马斯克穿插参与的各类访谈节目、脱口秀甚至是电影，更加立体和感性地打造其个人特点；最上层的"水果部分"则是直接与业务相关的财报会议、股东大会、年度产品与技术发布会，其中最为甜美的是不定期的产品发布会和秋天的 AI Day。

这样错落有致的品牌营销日历，让马斯克以及他旗下的品牌，能够几乎常年占据着全球科技媒体的头条，也能够让粉丝们形成一种"品牌时间记忆"。比如，到了秋天，就可以期待特斯拉的 AI Day 了。

这样的设计，会让消费者逐渐对品牌形成一种稳固印象，并最终增强消费者对品牌的认知。

注意力有限，尽量让你的发布会不超过半小时

> 感谢每一位预订 Model 3 的车主，我们爱你们。参会的朋友们今天可以线下直接体验 Model 3，那些在线上的朋友，欢迎登录网站进行预购。
>
> ——2016 年 4 月 1 日，Model 3 发布会

人们已经习惯动辄一两个小时的科技品牌发布会。但如果留意特斯拉的产品发布会，你会发现，全程时间往往不超过半小时。

特斯拉在 2016 年所举办的 Model 3 发布会，全程只有 22 分钟 43 秒；而特斯拉 2019 年所举办的 Cybertruck 发布会，全程同样只有 23 分钟。

有注意力方面的研究显示，人能维持专注的时间约在 10 到 18 分钟，一旦超过 18 分钟，人的身体就会因为能量耗尽，需要提供更多营养给大脑来维持专注力，因此时间一久容易感到疲累。TED 演讲时长通常控制在 18 分钟以内，正是基于这个原理。

马斯克知道，很难让普通观众的注意力长时间保持在最佳状态，因此，他把直接面向消费者的产品发布会的时间，一般都控制在半小时之内。

而特斯拉面向专业人员的会议，则不受这一时间限制。比如特斯拉

面向技术人员的 AI Day，或者面向投资者的股东大会、投资者日，与其他公司无异，都是动辄 2 个小时的时间长度。

特斯拉这样不超过半小时的产品发布会，在科技界可谓特立独行。但每次发布会，都让参会者大呼过瘾，都让观看者直呼内行。

紧凑而有逻辑的会议议程内容

1. 回顾皮卡历史，引出 Cybertruck
2. 直接让 Cybertruck 上台亮相
3. 对比一般卡车门，拿大铁锤敲击 Cybertruck 车门
4. 演示 Cybertruck 的防弹功能，对比传统的钢门完全不禁打
5. 演示"铁球砸车窗"
6. 与福特汽车（F-150）进行拔河比赛
7. 和保时捷汽车（911）比速度
8. 介绍续航里程、充电速度
9. 介绍三款车型的基本价格
10. 介绍今晚所有观众都可以试驾
11. 还有一件事，越野摩托车 & 装载充电展示

——2019 年 11 月 21 日，Cybertruck 发布会

特斯拉产品发布会的时间短，却并不意味着发布内容少。实际上每一场特斯拉的产品发布会，信息密度都极高。

以 2019 年 11 月的 Cybertruck 发布会为例，这场全程仅有 23 分钟的发布会，却设计了多达 11 个发布环节，几乎每 2 分钟，特斯拉就会

设计一个重要的对外发布节点。

这样高密度的发布设计有三点好处：

第一，现场听众可以高效、轻松地获取关于产品最想知道的核心信息。没有人喜欢冗长无聊的发布会。当然，发布会短并不意味着体验短，在发布会之后，现场听众们往往能够去直接体验真车。

第二，作为演讲者，马斯克可以聚精会神地讲解产品最亮眼的部分，而不会被冗长的发布内容所分神。

第三，精练且突出重点的发布内容，对媒体现场以及后续的跟进报道、解读也非常友好。

第二节　发布会的设计技巧分析

与其说是发布会，更像是一场演唱会

> 欢迎大家来到 Model 3 发布会，今晚我们将向大家展示一款让人惊奇的产品，你们一定会被震惊。
>
> ——2016 年 3 月 31 日，Model 3 发布会

2017 年，Model 3 的交付仪式在特斯拉自己的费利蒙工厂上演，这绝对是一场工业风的视觉盛宴。黑色的地板，低调的舞台，灰色的背景墙，星光闪烁的灯光，在黑暗中营造出神秘而震撼的氛围。

观众仿佛置身于一个剧场，等待着主角的登场。随着激昂的摇滚乐，马斯克驾驶着一辆红色 Model 3 缓缓驶过人群，加速冲上舞台。耀眼的

聚光灯照亮了车身，Model 3 优雅地停在舞台中央。

特斯拉的发布会设计完全遵循了第一性原理。没有什么场地比特斯拉的超级工厂更合适了，这里既是汽车的诞生地，也是展示特斯拉魅力的最佳舞台。特斯拉工厂空间宽敞，气氛炫酷。

发布会只有 30 分钟，精简而紧凑。人们的注意力不会被分散，站着听完也不会感到劳累。这也大大减轻了工作人员布置会场的负担。

在发布会过程中，马斯克每隔两分钟就抛出一个关键信息，引发观众的热烈掌声。现场动感的音乐设计更是让观众们身心愉悦。

这不仅仅是一场发布会，这是一场摇滚音乐会，一场遵循第一性原理的"摇滚音乐会"，而马斯克就是那个摇滚明星。

工厂就是舞台，我想开车上场

> 你们知道么，现场用的投影仪，可是直接用一辆 Model S 供电的。而且没有什么复杂的连线，我们把投影仪直接安装在了 Model S 上。
>
> ——2017 年 7 月 28 日，Model 3 交付仪式

> 这边是工厂，这可不是屏幕。而台下的观众，他们设计、开发、生产了 Model 3。
>
> ——2017 年 7 月 28 日，Model 3 交付仪式

2017 年 7 月，在震耳欲聋的摇滚音乐中，埃隆·马斯克开着一辆红色 Model 3 缓缓绕过人群，在黑色的背景中稍微加速开上舞台。

耀眼的聚光灯打在车上，Model 3 缓缓停在舞台中央，显得流光溢彩。

马斯克利落地打开车门，高举双手向观众示意，台下簇拥站立的观众们则高声欢呼回应，很多人举起了手机拍照。现场没有座位，每个人都兴奋地站着、笑着，就像参加一场演唱会。

节奏感十足的音乐声中，马斯克做了一个有请Model 3的手势。舞台中的转盘缓缓转动，把Model 3的最佳观赏角度朝向摄像机镜头。

舞台上，马斯克有近10秒钟没有说话。他看了看台上的Model 3，又看着台下人群，然后音乐逐渐淡出，马斯克高举双手说了句："Hello."台下的粉丝们又兴奋了……

整场活动，没有什么主持人，甚至连公司Logo都不容易看到。主角只有埃隆·马斯克和Model 3。

马斯克对如何开场非常看重，他很喜欢直接开着车登上舞台，以最直接的方式向所有人揭示这场会议的主题。在电动半挂卡车（以下简称Semi Truck）的交付仪式上，当时交付舞台甚至被设计成了一辆Semi Truck卡车的载物空间的样子，马斯克坐在Semi Truck上完成出场。

直接PK你的最主要竞品

我们看看实际的测试结果，实际上我们和一辆福特汽车（F-150）来了一场拔河比赛。看一下谁能拉动谁？我们来看大屏幕（Cybertruck迅速拉动F-150上坡）。注意，这还是个上坡。

现在我们看一下和保时捷汽车（以下简称911）的较量，我们先让保时捷领先一点（911在起初稍快，然后被Cybertruck快速超过），这是最新款的保时捷。这是实实在在的车，不是什么三维动画。

——2019年11月22日，Cybertruck发布会

在Cybertruck的发布会上，马斯克用福特的F-150和Cybertruck对比，来展示Cybertruck的拉力优势，用保时捷的911和Cybertruck对比，来展示Cybertruck的速度优势。

这种直接的现场对比，我们在乔布斯2007年发布iPhone时看到过，我们也在小米公司的几乎每一场发布会中看到过。

在残酷的商业竞争中，后进入市场的品牌，必须有比传统巨头明显的优势，才有机会在行业中立足。而为了证明自家产品的优势，没有什么比直接对比市场上最主流产品，更能展示自家产品优势的行为了。

直接PK你的主要竞品，可以最直观地展示产品的核心竞争力，更能快速在粉丝中建立起对品牌的自信，增强粉丝的购买欲。

拒绝PPT造车，直接展示实体车

你们想看车吗？今晚我们还不能给你们看。哈哈我是开玩笑的，马上愚人节了。接下来该它上场了。

——2016年3月31日，Model 3发布会

相比市面上琳琅满目的"PPT造车"，马斯克明白，一场汽车发布会，汽车是真正的主角。人们打开直播，或者来到现场，不是为了看幻灯片的。

因此，在特斯拉的几乎每一场产品发布会上，马斯克都会在简短的介绍后，直接把舞台的最中心让给实体车。工作人员会将车辆缓慢地开至舞台中心，现场的灯光和音乐会让新车看起来流光溢彩。

在车被直接开上来后，一般特斯拉还会做一个小设计：从车上走下来很多"乘客"。马斯克用这个设计，来向用户们证明这辆车可以装多

少人。你不需要向观众解释这辆车能装多少人,你直接看到了,不是吗?

真正的商业大师们知道现场展示的品牌价值。在现场直接展示产品,可以让演讲者以最直观的方式讲解产品的设计哲学和各种功能特性,也能够让观众直接感受到品牌方的诚意和新品的最终形态。现场展示实车是最具戏剧效果的舞台语言,而所有的媒体报道,也都会紧紧围绕着现场所展示的实体车而展开。

不介意"砸车失败",结果或许会出人意料

> 我们实际上做了撞击测试,我们用过扳手,我们甚至向车的玻璃扔过厨房里的洗手盆,它都没有被打破。很奇怪现在竟然被打破了,我真的不明白,你知道的,现在只能后期修复了。
> ——2019 年 11 月 22 日,特斯拉 Cybertruck 发布会

> 结果有些令人吃惊,这吸引了不少关注,所以我想还不算太糟糕。这种事可能还会再发生的。
> ——2020 年 4 月 24 日,马斯克参与非营利组织(Hack Club)问答活动

在 2019 年 11 月的 Cybertruck 发布会上,马斯克让设计师用铁球砸车窗,来展示车辆的坚固。但没想到,车窗竟然被砸碎了。马斯克尴尬地调侃:"或许你砸得太用力了点。"他们又砸了后窗,结果也一样。

这个意外并没有影响 Cybertruck 的销量。发布后几天,就有 25 万人预订了这款车。截至 2022 年年底,预订量更是超过了 150 万辆。

不过，这次"搞砸"了的演示，反而却让更多人知道了 Cybertruck 的特色和定位。发布一辆车不是新闻，搞砸一辆车的发布反而成了新闻。很多人在社交媒体上传播砸车视频。绝大多数人第一次了解到了这款车的独特造型和定位。很多从没听说过这款车的人意识到，原来特斯拉还有这样定位的一款汽车。

对于一款面向未来的产品，引起足够广泛的关注，是成功的第一步。不论好的评论，还是坏的评论，至少让全世界认识到这款产品。

特斯拉在 4 年后为这次事故进行了"现场重现"。在 2023 年 11 月 30 日的 Cybertruck 交付仪式上，马斯克和设计师重现了 2019 年的这次"铁球事件"。这次，当铁球狠狠砸向车窗，车体完好没有任何被破坏的痕迹。就像马斯克 2019 年在台上所说的："我们会在后期修复它的。"

第三节　马斯克演讲的隐秘技巧

历数传统汽车产品的平庸和无聊，为自家产品讲述价值故事

> 卡车的样子已经很久没有变过了，它们看起来基本一样。
> 我们想尝试打造一些不同的东西。
> ——2019 年 11 月 22 日，Cybertruck 发布会

如果美国销量排名前三的车都是皮卡，那么为了加速世界向新能源转化，特斯拉怎能不推出皮卡产品呢？这是马斯克在 Cybertruck 的发布会上，为这款新车所讲述的造车逻辑。

马斯克会尝试为自家皮卡产品讲述这样的一个"价值故事"：一是对传统平庸而无聊的产品宣战，二是新品对公司使命的诠释。

这辆名为Cybertruck的电动皮卡，其风格与市面上的皮卡完全不同，其灵感来源于1982年的科幻电影《银翼杀手》。

马斯克向观众们详解了这辆电动皮卡的两大核心价值：一，卡车的样子已经许多年没有变过，Cybertruck将成为皮卡界的新范式；二，电动皮卡将非常有效地加速直接向新能源转化，加速帮助地球解决环境问题。

通过这样的产品故事叙述，人们可以最快速地了解这辆Cybertruck的产业价值和社会价值。

使用绝对碾压的数据引用证明自己

> 首先要强调的一点是，Model 3是非常安全的一辆车，安全永远是特斯拉的第一位，我们关心你，我们希望你和你的朋友、家人安全，这是最重要的。Model 3的五星安全并不是平均程度上的五星，而是在任何维度上它都达到了五星标准。
>
> ——2016年3月31日，Model 3发布会

马斯克在Model 3的发布会上强调："Model 3的五星安全并不是平均程度上的五星，而是在任何维度上它都达到了五星标准。"这样的碾压性数据让现场的观众为之欢呼不已。

马斯克的演讲不像乔布斯一样充满魔力，马斯克有时甚至会在公开演讲时出现一定程度的"小结巴"。但这些小问题，并没有减少观众对其所发布的产品的疯狂。

针对自己的这个特点，马斯克在发布会中的发言经常使用"三种武器"：第一，发言尽量简短清晰；第二，适当引用第三方报告；第三，讲一些必不可少的幽默玩笑。

发言尽量简短，可以大大减少在舞台上说错话的概率；引用第三方报告，可以强有力地证明自家品牌的领先优势；适度的幽默玩笑，则能够让整体的发布会过程更显轻松和愉快。

如果你也像马斯克一样"不善演讲"，那不妨尝试一下这"三种武器"。

列举媒体曾经对自己品牌的贬损，用结果为自己证明

现在我们来看看人们是怎么评价特斯拉和电动汽车的，就像我说的，当时人们认为电动汽车是不可能的，也是非常愚蠢的东西。有人说电动汽车就是个骗局。好吧，那至少也是一个"可以开"的骗局。但是到现在，一切都变了。

——2019 年 3 月 14 日，Model Y 发布会

在 2019 年 3 月的 Model Y 发布会上，马斯克列举了美国重要媒体历史上对电动汽车的看衰：

——福布斯杂志（2011 年）：电动汽车是个糟糕透顶的主意。

——洛杉矶时报（2009 年）：电动汽车和高尔夫球车没啥区别。

——每日邮报（2011）：抱歉，电动汽车是在浪费空间。

几乎所有的品牌，不论成功与失败，都会在创业的过程中，被一些重要媒体所贬低。马斯克喜欢用品牌成功的事实，来论证这些权威媒体的"不靠谱"，来说明自家品牌是经历了怎样的艰难险阻，才走到今天的。

这样的"复仇"叙事会让品牌在发布会现场,上演一场"王者自证"的舞台剧。"是的,他们一直说我们这不行,那不行。但今天,我们做到了!"

在一场发布会中,既可以通过引用媒体的正面报道,来证明品牌的成功,也可以引用媒体曾经的负面报道,来讲述品牌的逆袭经历。而直接引用媒体报道来讲述品牌故事,对于演讲人来说,既轻松,又显得非常写意。

那些让人们一听,就不会忘怀的比喻

> 从长远来看,买一辆非自动驾驶的车就像买一匹马——你的购买和使用行为,都是出于情感因素而非为了日常代步。
> ——2016年1月11日,马斯克接受英国广播公司(BBC)采访

2022年8月,在特斯拉股东大会上,马斯克这样向股东们解释自动驾驶的未来:"我想曾经有一段时间我们有电梯操作员。有电梯操作员和大型继电器之类的东西是很正常的,但你知道,我们会时不时地犯错误,肯定有人会犯错。但这就像我们有了自动电梯,按一个按钮就可以到你的楼层,这就是未来汽车的发展方向。"

人们一下子就能够理解,就像早期每架电梯上都有一位操作员一样,现在的汽车上也都"配有"一位驾驶员。但当技术足够成熟,智能汽车将像早期的电梯一样,不需要一位专职的驾驶员。

科技行业一直有着一个难题:如何向大众通俗易懂地讲解一个技术

问题。马斯克的解决方式是：讲一个让人们一听就永远不会忘记的比喻。这样的比喻像特洛伊木马一样，快速穿越人们的认知高墙，让人们瞬间理解和接受新技术的真价值。

本章回顾
如何设计一场精彩的发布会？

┊ 直接面向消费者的产品发布会的时间，一般都控制在半小时之内。

简短的产品发布会有三点好处：第一，现场听众可以高效、轻松地获取关于产品最想知道的核心信息，没有人喜欢冗长的、无聊的发布会；第二，演讲者可以聚精会神地讲解产品最亮眼的部分，而不会被冗长的发布内容所分神；第三，精练且突出重点的发布内容，对现场以及后续的跟进报道非常友好。

┊ 在发布会中直接PK主要竞品，可以最直观地展示出产品的核心竞争力，更能快速在粉丝中建立起对品牌的自信，增强粉丝的购买欲。

┊ 在现场直接展示产品，可以让演讲者以最直观的方式讲解产品的设计哲学和各种功能特性，也能够让观众直接感受到品牌方的诚意和新品的最终形态。而所有的媒体报道也都会紧紧围绕着现场所展示的实体车而展开。

┆有争议的演示有时候会变成品牌的机遇，让绝大多数从没听说过产品的人第一次了解产品的独特造型和定位。

　　对于一款面向未来的产品，引起足够广泛的关注是成功的第一步。不论好的评论，还是坏的评论，至少让全世界认识到这款产品。

┆尝试为每一个产品讲述一个"价值故事"。

　　价值在很多时候来自两个方向：一是对传统平庸而无聊的产品的宣战，二是新品对公司使命的诠释。

┆演讲可以考虑使用"三种武器"：

　　第一，发言尽量简短清晰；第二，适当引用第三方报告；第三，讲一些必不可少的幽默玩笑。

　　发言尽量简短，可以大大减少在舞台上说错话的概率；引用第三方报告，可以强有力地证明自家品牌的领先优势；适度的幽默玩笑，则能够让整体的发布会过程更显轻松和愉快。

┆科技行业一直有着一个难题：如何向大众通俗易懂地讲解一个技术问题。一个有效的解决方式是：讲一个让人们一听就永远不会忘记的比喻。

第九章
发挥想象力,让渠道助力品牌

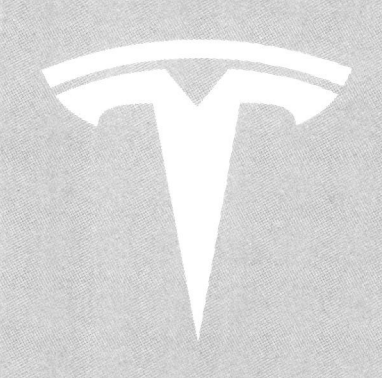

第九章　发挥想象力，让渠道助力品牌

在艺术中心设计学院（Art Center College of Design）教授交通课程的汽车设计师蒂姆·亨辛格（Tim Hensinger）看来：特斯拉最大的影响，或许在于改变了汽车生产和销售的陈旧模式。当前的主流智能汽车品牌，近乎全部直接照抄特斯拉的销售渠道设计模式。

围绕消费者的购买旅程，从第一性原理出发思考，马斯克找到了最短、最高效的渠道方式：D2C模式。和传统汽车行业复杂的经销商体系不同，特斯拉只在自家官网或者自己的展厅销售智能汽车。

特斯拉的销售中心由苹果零售店的设计师乔治·布兰肯希普打造。消费者可以直接去特斯拉体验中心试驾特斯拉电动汽车，在试驾后特斯拉的工作人员会密切跟进，提供在线配置未来汽车的选项。当然，特斯拉还有一个极致简约，但又功能齐全的官方网站。

特斯拉努力提升线下、线上的每一个触点，将自身直接、简洁的品牌调性融入了用户的全服务流程。

第一节　线下：提供不打扰的优质体验

让线下门店为客户提供完美体验

> 我在特斯拉立了一条规矩：永远不可以把售后当成能创造利润的部门。公司想在顾客的产品出问题时挣钱，我觉得这样不对。
>
> ——2014年3月14日，马斯克撰文《致新泽西民众》

"乔治，埃隆·马斯克想和你聊聊，打给我吧。"2010年的一天，已经从苹果退休的乔治·布兰肯希普收到了这样一封奇怪的邮件。乔治·布兰肯希普曾经帮助乔布斯把苹果的门店拓展到了全世界。

乔治以为这是一封垃圾邮件，随手将其删除。马斯克直接找到了他的电话，邀请其加入特斯拉。就这样，乔治将苹果门店的体系完整复制到了特斯拉，建立起了一整套的"客户教育系统"。

起初，人们对于电动汽车这项新技术还非常陌生，特斯拉希望将门店打造成为潜在用户的"教育中心"，就必须选择有足够流量的黄金位置。因此，特斯拉将门店开进了购物中心。这些店面都位于大型高端商场的底层，装修方面独具匠心，除了展示电动汽车的平台外，还有供消费者自主定制专属车型的大荧幕。

特斯拉的线下门店整体显得干净舒适、平易近人，客户可以完全根据自己的需要，轻松地了解和选购汽车。客户远离了咄咄逼人的销售人员，"产品专家"仅仅提供必要的信息和帮助。

去掉传统的4S店，采用D2C模式

1. 了解车型、购买意向；
2. 门店体验、预约试驾；
3. 官网下单、支付定金；
4. 工厂接单、定制生产；
5. 支付尾款、车辆交付。

——特斯拉的D2C模式的主要操作流程

2013年11月，特斯拉首家中国体验店在北京侨福芳草地开业。截至2022年12月，特斯拉仅在中国就已经拥有了265家门店。

因为电动车不靠卖配件和服务赚钱，特斯拉拒绝了传统4S代理经销模式，而是采取D2C模式。D2C模式的好处是：一方面，特斯拉可以管控服务质量，并能及时掌握用户数据；另一方面，消费者也能够简化购买流程，享受公平透明的服务，还能够定制化生产，让自己的车辆拥有足够的个性。

特斯拉的线下体验店提供标准化、专业化的体验服务，不以成交为目的。线上购买明码标价，可以让消费者安心地消费。特斯拉采用接单生产制，按照用户需求生产和交付。

店内工作人员是"产品专家"的角色，不问客户预算和车型，只讲解电动车和特斯拉的相关知识。特斯拉通过每一位在线下门店的产品专家，绕过所有中间商，直接与客户对话。产品专家们可以面对面地告诉心存疑虑的客户，要花多少钱充电、如何充电。

特斯拉用D2C模式打造线下体验与线上支付的购车全流程。特斯拉用更短更直接的方式接触用户，让用户沉浸式体验特斯拉的文化背景和产品魅力。

至关重要的试驾流程设计

> 前往特斯拉线下直营体验店，试驾最新款特斯拉车型；为保证每位客户都享受到一对一的试驾体验，我们需要根据您提供的信息来提前安排合适的试驾地点和时间。
>
> ——特斯拉官网

车到底如何，终究要开出来遛遛。在线下体验店，试驾是说服客户最终购买的关键环节。

当客户在线上填写完希望试驾的时间和线下体验店后，特斯拉会通知客户确定最终的试驾时间。在和特斯拉的试驾专员确定好试驾时间后，就可直接前往线下体验店了。

到门店后，试驾专员会首先向客户介绍一下车辆信息，然后带客户去试驾。在试驾过程中，试驾专员会请客户体验辅助自动驾驶，以及特斯拉的动能回收等功能。

在试驾完成后，特斯拉的试驾专员则会向客户赠送帽子、U盘、雨伞等小赠品。如果客户觉得满意，可以直接交订金，进入等车阶段。

特斯拉整个的试驾过程，高效、简洁、直接，毫不拖泥带水，客户可以非常直接且舒适地体验特斯拉汽车的特性。最好的服务，往往让客户在体验过程中，感受不到任何的非必要干扰。而特斯拉的试驾流程正是这样设计的。

第二节　线上：让用户用最少的步骤找到并下单

直达每一位客户

> 前往特斯拉线下直营体验店，试驾最新款特斯拉车型。
>
> ——2023 年，特斯拉官网

> 现场的朋友可以直接体验汽车，对于在网上看直播的朋友，你们可以登录网站了解，谢谢。
>
> ——2016 年 3 月 31 日，Model 3 发布会

特斯拉的官网和车型设计保持了同样的风格：简洁、直接、高效。进入特斯拉的官网，用户会看到两个选项："定制我的 Model 3""了解 Model 3"。

在定制环节，如果选择默认定制选项，用户连续点击三次，就可以完成"立即下单"。

在了解环节，特斯拉为用户提供了 9 张图片，分别介绍了车辆的综合数据、五星安全评级、加速数据、双电机设计、充电系统、充电网络、自动驾驶系统、车内设计、整体制造规则。

这样的设计，让客户用最短的时间就对车辆所有信息一目了然，最大化地减少了客户的理解和选择成本。

特斯拉官网同样提供了会员注册功能。不管是了解还是订购，都会请用户提交有效的邮件和电话信息，以便后续给用户推送邮件和短信来开展营销活动。比如，特斯拉曾经做过一次名为"相信驾驶"（Drive to believe）的营销活动：对电动汽车持怀疑态度的车主，可以用自己的车免费换一辆特斯拉汽车使用一周。特斯拉仅仅在自己的订阅邮件和社交媒体中推广了一下，就有数千位车主报名参加。

特斯拉的官方网站直通用户，并且让用户获取购买的最短路径：浏览页面，点击定制，支付预订款。

热线电话几乎可以解决所有的用户疑问

> 客户服务与道路救援 24 小时服务热线：400 客户支持
> ——2023 年，特斯拉官网

车主们前往一次线下门店，还是需要耗费一些时间。对于车主们来说，日常更直接联系特斯拉的渠道是：热线电话。特斯拉的热线电话几乎可以解决车主们在日常用车过程中 90% 的问题。

特斯拉 400 客户支持是车主与特斯拉内部沟通的重要桥梁，可以随时为车主服务。400 客户支持团队通过电话、邮件、在线聊天、微信及各种新媒体渠道评估客户需求，解决车辆技术问题。

同时，400 客户支持会通过大量的客户沟通，准确地记录在车辆支持系统内，及时地为公司内部提供客户的使用情况及反馈。

传统的呼叫中心一般是通过电话、邮件等形式，根据客户描述的问题，进行沟通并且受理客户反馈问题。而特斯拉 400 客户支持团队，提供多种沟通渠道供客户选择，客户可以按照自己喜好的渠道进行联系。

特斯拉的 400 客户支持不拘泥于流程话术，根据客户当时所处情况灵活地帮助客户处理问题，除了能够提供全方位的专业指导和解答客户的用车疑问之外，还能够通过后台数据，帮助客户确认车辆当前状况，定位问题，排除客户的担忧，及时主动地给予指导和建议，让客户放心用车。

高效地在线帮助客户解决问题，会免去不必要的进店维修。

让用户实现"空中找回车辆"

> 体验售后最好的方法当然是不用体验售后。
> ——《打造世界上最好的售后和保修程序》

第一次收到特斯拉官方"召回"通知的车主可能会有一些紧张，不过他们很快就会发现，特斯拉的所谓"召回"，往往只是让车主升级一下系统。

特斯拉在出厂时就预置了智能化硬件，而且整车具备联网功能，可以随时接收软件更新，客户在车内就可以完成软件更新的全过程，就像手机一样便捷。

特斯拉自2012年开始投入使用"空中下载技术"（以下简称OTA）进行系统升级，并率先在固件上应用OTA技术。比亚迪、宝马也在2018年投入使用新系统。但从目前的版本更新上，只有特斯拉可以实现动力系统领域的OTA更新。

传统车企受限于车辆网络安全以及来自经销商的压力等，目前车机系统仍普遍依赖线下升级。可类比智能手机的系统升级，特斯拉率先通过OTA实现地图、娱乐系统、车辆控制等功能升级，保持用户的新鲜感，不断改善用户体验。

OTA升级能为特斯拉新增功能，并且完善多媒体、智能地图导航、自动辅助驾驶等核心功能，授予了特斯拉"常用常新"的生命力。自

2012年至今，特斯拉通过OTA对车辆进行了数次重大软件更新，特斯拉的智能售后服务不仅提供了高效率的维护保养，还可通过OTA技术使车辆性能日臻完善。

通过OTA升级，特斯拉真正实现了：体验售后最好的方法当然是不用体验售后。

第三节　为消费者偶尔提供一些品牌温度

在车主需要的时候，提供无偿的支持与帮助

> 为台风"山竹"做准备，我们将为在华南地区注册的装配60kWh电池组的特斯拉车型进行暂时调整，以让车辆获得额外的电池容量以及免费的超级充电。
>
> 我们希望这能让您安心地到达安全的地方，并在10月中旬将您的车辆恢复到原来的配置之前通知您。在此期间，您车辆显示屏上的标记可能会进行调整。特斯拉祝您旅途安全！
>
> ——2018年9月16日，特斯拉微博

2018年9月15日，特斯拉官微宣布，为了应对台风，特斯拉将为华南地区的60kWh电池组车型升级解锁额外电量。很多网友惊讶，这个"额外电量"是怎么回事？原来，特斯拉车型有60、70、75、85、90、100六种尾标版本，但电池包只有75kWh、85kWh、100kWh三种。

硬件上，60、70、75三种版本的Model S和Model X都是采用

75kWh 的电池，但 60 车型的"多余"电量被软件锁住了。

这次，特斯拉出于"人道主义"，为面临台风危险的 60 车主解开软件锁，释放车辆电池所有的电量，只需通过 OTA 升级。

从之前的远程升级缩短 Model 3 的刹车距离，到今天解锁电量，特斯拉再次通过 OTA 展示了自己先进的智能化，目前也没有其他厂商能做到整车 OTA。

其实，特斯拉远程解锁电量的案例也不是第一次了。2017 年 9 月，美国佛罗里达遭受飓风袭击时，特斯拉也是通过 OTA 的方式为 60 车主放出额外电量，在当时引发了不小的争议。

马斯克和特斯拉时刻关注着世界的变化，屡屡在车主需要的时候，提供无偿的支持与帮助。人们不仅会记住这样雪中送炭的行为，也会对特斯拉通过 OTA 升级，为车主提供"额外电量"的方式印象深刻。

通过定期发布安全报告，提升消费者信心

> 为了向公众提供特斯拉汽车的重要安全信息，我们从 2018 年 10 月开始发布季度安全数据，并从 2019 年 7 月开始自愿发布车辆起火事故的年度报告。道路上所有车辆的事故率在每个季度可能会有所不同，并且会受到季节性因素的影响，例如日照时间减少和恶劣天气条件。
>
> ——2020 年 1 月，特斯拉官网

对于汽车这一类交通工具来说，没有什么比安全性更让消费者关注。而围绕安全性的讨论，没有什么比实实在在的真实数据更有说服力。

从 2018 年 10 月开始，特斯拉每个季度都会对外发布一份安全报告，

通过对比车主未使用时，以及美国通常的碰撞事故率，对外展示自家 Autopilot 系统在安全性方面的绝对优势。

以 2022 年第四季度的报告为例，在特斯拉车主中，没有使用 Autopilot，会让碰撞事故发生的可能性高出 3.46 倍；而美国通常的碰撞事故率，则更是特斯拉 Autopilot 事故率的 7.44 倍。

这些准确的数据将出现在特斯拉的各类活动中，出现在媒体的报道之中，最终被特斯拉车主和潜在的购买者所获取。安全报告本身，以及对于报告的公开报道，一方面可直接应用到特斯拉的市场活动中，证明自家的安全性；另一方面也潜移默化地影响着车主和潜在的购车者对特斯拉的安全认知。

不可或缺的特斯拉车主俱乐部

> 特斯拉中国车友俱乐部的宗旨是通过合作互动共同形成一个官方车友社区，以凝聚更多认可特斯拉理念的同行者，共同践行和倡导特斯拉理念，加速世界向可持续能源的转变。
>
> ——特斯拉官网

马斯克经常在推特上与特斯拉硅谷车主俱乐部的账号进行互动。马斯克明白，在用户的购买旅程中，必须满足车主们的"社交需求"。

特斯拉的车主们，除了用车展示自己的品位，还想与志趣相投的车友交流，享受"团体乐趣"。特斯拉的车主因为使用同一品牌、同一产品，有一种天然的归属感。他们喜欢分享用车心得、参与线下活动，甚至是一起吐槽车辆问题。

特斯拉抓住这一点，顺势推出了"官方车友俱乐部"机制。特斯拉会对各地的车友俱乐部进行官方认证，并提供专属客服、礼品赠送等福利，还会组织各种线下活动，让车友们结识更多朋友。

这样，车友们就会感到满足和认同，对特斯拉的品牌更加忠诚，也更愿意向亲友推荐特斯拉。

特斯拉没有花钱做广告，而是依靠粉丝关系和口碑传播来实现营销效果。通过建立车主俱乐部这样的平台，特斯拉让用户互动和反馈，也让用户在社交媒体上为特斯拉做免费的宣传。

第四节　合纵连横，串联生态公司"生态化反"

公司间联合进行事件营销创新

> 我当时在他家的厨房，他建议我们应该放一辆特斯拉的汽车在火箭里面。我说：哦，这是个好主意，我的车库里就有一辆，我可以用那辆。那辆车的序列号不是1，序列号是1500左右，我曾经在洛杉矶的街头开那辆车，它现在仍然运行在地球和火星之间的轨道上。那个选择就是让我们选择一些酷的东西，而不是混凝土。而且我当时的确认为发射很有可能会失败，就像我们过去的很多次发射失败一样。令人惊讶的是，这次成功了。
>
> ——2022年5月30日，马斯克接受
> 硅谷特斯拉车主俱乐部访谈

马斯克最出名的创新营销活动，就是用猎鹰重型运载火箭把Roadster跑车送入地火转移轨道。2018年2月，SpaceX用猎鹰重型运

载火箭把马斯克自己的特斯拉Roadster跑车发射到了地火转移轨道，成了第一家向深空日心轨道发射物体的私营公司。

这是特斯拉和SpaceX之间的交叉推广，将营销推到了新的高度。一个穿着太空服的星际战士坐在跑车里，从地球飞向浩瀚的太空。一个令人心潮澎湃的事件。

在火箭发射成功之后，马斯克在社交媒体上特别提醒大家，除了火箭发射，还有一辆车被放在发射控制室的视角。人们可以从监控视频中看到，一辆特斯拉跑车在地球轨道上飞行！SpaceX在YouTube上直播了这次火箭发射，不到24小时，观看人数就超过了70万，成为有史以来观看次数第二多的直播。

马斯克充分利用了旗下不同品牌之间的特性，进行了创新营销，不但吸引了媒体的主动关注和报道，更让人们牢牢记住了那辆随着SpaceX火箭飞向火星的特斯拉Roadster跑车。这样的先锋营销足以说明，SpaceX火箭和特斯拉汽车就是对人类科技的最佳诠释。

公司间业务联动形成整体方案

> 在城市下面铺设的轨道，能够让拥有自动驾驶功能的电动汽车开起来如同拥有曲率引擎一样。在拉斯维加斯下面的首个运营轨道已经接近完成。
>
> ——2020年9月16日，马斯克推特

马斯克在2022年1月的美国电子展览会（以下简称CES展会）上，展示了他的未来公共交通系统（Vegas Loop）。这是一条位于拉斯维加斯地下12米、长2.7千米的隧道，连接了拉斯维加斯会展中心的不同

展厅，为数万参会者提供了便捷的交通方式。

这不是一条普通的隧道，而是一种"未来公共交通系统"。乘客只需坐自动扶梯进入候车大厅，就会有人工驾驶的特斯拉 Model 3 或 Model X 来接送，只需两分钟就能到达目的地。这条隧道的最高时速可达 250 千米，每小时可运送 4000 多人，把原本 15 分钟的步行时间缩短至 2 分钟以内。

在 CES 展会期间，隧道每天运送约 15000 至 17000 人，占展会参与者的一半，乘客在三个站点的平均等待时间不超过 15 秒。YouTube 上的科技博主（Brian Tong）也亲身体验了隧道，他用"超级有趣"来形容这次体验，"感觉自己被传送到了另一个世界"。

这其实是马斯克旗下公司间进行业务合作的一个例子。无聊公司（The Boring Company）负责打造隧道，特斯拉提供车辆。实际上在项目发布之初，无聊公司就确认了即将推出的未来公共交通系统将使用特斯拉 Model S、Model X 和 Model 3 三款车型。

马斯克似乎一直在玩一个拼图游戏，尝试着通过组合旗下不同的品牌产品，以解决社会上所存在的一些问题。而这样的品牌联动，不但在业务上会实现大幅度降本增效，更能够实现捆绑和增强。人们会持续加深马斯克旗下有很多先锋科技品牌的印象，同时还会记住这些品牌正在形成合力，解决人类所面临的一些历史难题。

公司之间技术共享、人才共享、场地共享

汽车行业的长项是制造，火箭领域的长项是新材料，让结构变得轻巧。这是技术最值得交叉的地方，将汽车领域制造业的经验用于火箭行业，将火箭领域的材料技术和设计，用于汽

车行业。

——2022 年 9 月 22 日，马斯克接受杰·雷诺采访

在设计 Model S 的时候，我们还没有专门的设计场地。其实我们是在 SpaceX 的工厂里面设计出 Model S 的。在 SpaceX 工厂的一个角落里，弗朗茨带着一群设计师，设计出了 Model S。

——2019 年 3 月 14 日，Model Y 发布会

马斯克在 2022 年 1 月 16 日的法庭上作证说："我只是在'自愿的基础上'召集特斯拉员工协助我在推特工作，并在'下班后'在推特工作；没有任何特斯拉董事会成员给我打电话说，将特斯拉的资源用于我的其他私营公司之一不是一个好主意。"

马斯克入主推特后，为了改进推特的算法，他从特斯拉调了 50 多名员工去推特。其中大部分是自动驾驶（Autopilot）团队的软件工程师，包括软件开发总监、自动驾驶和特斯拉机器人工程总监、软件工程高级总监、高级员工技术项目经理和监控部门负责人等。

特斯拉、SpaceX、推特这些马斯克旗下的品牌有一个共同点：都有很多世界上最顶尖的工程师。马斯克会在需要的时候，让这些不同的品牌之间进行技术共享、人才共享，甚至场地共享。

在接受沃尔特·艾萨克森的一次采访时，马斯克表示："我认为把不同行业的想法结合起来对创新也很有帮助，人们在一个行业中发现了什么，能应用到其他行业吗？这也是一个很好的想法来源。通常你只会纠结于一个解决方案，然后尝试很多事情，有些不起作用，大多数不起作用，偶尔有一个起作用。"

技术共享，能够让特斯拉的汽车制造过程，参考和使用最前沿的航天制造工艺；人才共享，能够让推特调动使用特斯拉的人工智能经验；场地共享，则让 SpaceX 在初期，通过借用场地，以较低成本进行产品研发尝试。这样，创新就有可能在这些跨业态的尝试中产生。马斯克用这种方式，让一位顶级工程师的智慧发挥了三倍的价值。

本章回顾
如何让渠道助力品牌？

┆ 采用D2C模式，直接面向消费者。

　　这样可以保证服务质量，并能及时获取用户数据。消费者也可以简化购买流程，省下中间环节的成本。线下直营体验店能够提供标准化、专业化的体验服务，而不强求现场成交。

┆ 通过OTA升级，让车主享受到最好的售后服务。

┆ 时刻关注世界的变化，在车主需要的时候，尝试主动提供无偿的支持和帮助。人们会记住这些雪中送炭的行为。

┆ 发布自动驾驶安全报告有诸多好处，这些准确的数据会出现在企业的各类活动中，也会出现在媒体的报道中，最终传达给车主和潜在的购买者。

┆ 充分利用旗下不同品牌之间的特性，进行创新营销。这样的尝试往往会非常有创意，也能够吸引大众和媒体的关注。

让不同的品牌之间实现技术共享、人才共享、场地共享。创新，往往会在这些跨业态的尝试中产生。这种方式，可以让一位顶级工程师的智慧发挥出三倍的价值。

第十章
打造完美品牌团队的秘诀

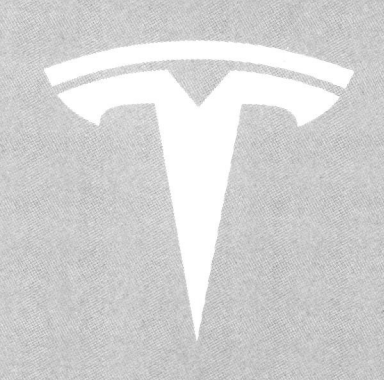

第十章　打造完美品牌团队的秘诀

谈论品牌，为什么需要讨论团队建设呢？如果说 CEO 是公司最大的广告牌，那么每一位员工实际上也是公司的小广告牌。每一个员工，无论什么岗位和级别，在与合作伙伴、媒体、消费者接触的过程中，都能传递出公司的品牌文化。所以，打造伟大品牌，不只是对外的事情，也是对内的事情。

如果说公司的 CEO 是品牌的一号位，那么，公司中的所有员工，不论身处什么职位和岗位，也都需兼任品牌职责。从这个维度上讲，打造伟大品牌，对外很重要，对内同样必不可缺。

在绝大多数人的印象中，营销是一家公司对外才需要做的事情。但对内营销是让所有员工相信并实践公司的使命的必要手段。公司的愿景、使命、核心价值观都需要通过一系列对内营销动作，来渗透到每一位员工的心中。

在打造内部品牌团队方面，马斯克对公司需要一支怎样的团队有着独特的看法。马斯克更加认可的，是一种特种部队式的方法——"最低的及格线是优秀"。

在绝大多数人的印象中，营销是一家公司对外才需要做的事情。事实上，对于公司内部的员工来说，对内营销是让所有员工相信使命，践行使命的必要手段。公司的愿景、使命、核心价值观都需要通过一系列对内营销动作，来潜移默化地影响到每一位员工。

第一节　公司需要一支怎样的团队

打造特种部队的哲学

> 我想强调一下我从公司的创立阶段学到的哲学，是一种特种部队式的方法。最低的及格线是优秀。我相信，创业公司要想最终做大做强，就必须这样。我们或多或少都会遵循这一点，但我们总有一些时候会偏离。这并不是说被这一标准刷掉的人有多不好，而只是特种部队和常规部队的区别。如果你想挺过恶劣的环境，让公司最终闻名于世，那公司里一定要有许多有才华的人，而且他们还要非常投入。
>
> ——2008年11月7日，马斯克出席"Web 2.0峰会"

马斯克曾在SpaceX的招聘页面写道："SpaceX就像一支特种部队。我们在做别人认为不可能完成的任务。"

马斯克所从事的事业充满挑战和风险，他需要的不仅是优秀的人才，还要有强大的心理承受能力的人才。他更看重的，是一种特种部队式的团队。这样的团队，才能重新思考一切，忍受研发过程中的痛苦和失败。

马斯克给团队施加的压力也很大。他曾在2016年6月1日的代码大会上说："我跟我的团队说，想象有一大堆钱坠入大气层，很快就会燃烧殆尽，灰飞烟灭。你想留下这笔钱吗？应该想吧。"

因此，马斯克尤其关注搭建特种部队一般的公司团队。因为只有这样的团队，才有能力重新思考一切，忍受痛苦煎熬的研发过程，熬过一次又一次的实验失败。

就像马斯克说的，优秀的人才会打造优秀的产品，优秀的产品会让消费者主动购买，这样，公司就成了。而每一位特种兵员工，都会成为这个品牌在影响普通人时，特斯拉能够找到的最佳代言人。

用行动让团队感知到CEO

> 我非常关心特斯拉的员工。我觉得我欠所有人的，他们让公司取得了成功。是吧？我睡在地板上的原因不是因为我不能穿过马路住到酒店去，而是因为我想让我的情况比公司里和我并肩作战的任何人都更糟糕。就像他们感受到的任何痛苦一样，我希望我的痛苦更糟，这样才能感同身受。
>
> ——2018年7月13日，马斯克接受彭博社专访

马斯克在2022年5月31日的特斯拉全员信中写道："你的职位越高，你就越应该让大家都看到你。这就是我住在工厂的原因，这样生产线上的人可以看到，我是和他们一起工作的，如果我不这么做，特斯拉早就破产了。"

马斯克曾经在特斯拉的工厂里面住了三年，工厂成了他的主要住所。这样身先士卒的CEO在全球科技界也很少见。马斯克说的这三年是指2017年至2019年，在这段时间里，特斯拉正在努力实现量产爬坡。

2018年时，当时Model 3面临产能爬坡的调整，马斯克为了监督生产，长期就住在工厂的帐篷里。这样的举动效果显著。特斯拉在2017年交付了10.3万辆汽车，在马斯克住进工厂后，特斯拉终于开始艰难地达到每周生产5000辆的目标。2018年全年，特斯拉总计交付了24.5万辆汽车。

或许是为了给自己的美国员工压力，也或许是为了让员工感受到自

己与大家一起战斗，马斯克拒绝住在酒店，而是选择直接住在工厂。

创始人和 CEO 的行为会影响整个公司的方向和氛围。能够身先士卒、深入一线、平等待人的领袖，才能够真正激发起全员的参与感和战斗力。

让工程师成为舞台的主角

> 注意，这次 AI Day 活动是为了招聘人工智能和机器人领域的工程师，所以内容会相当硬核。
>
> ——2022 年 9 月 30 日，马斯克推特

特斯拉的 AI Day 活动在科技行业很独特，除了开场演讲外，马斯克会把更多时间让给特斯拉各个方向的研发工程师。

特斯拉这场活动的直接目的就是：招募全球最好的工程师。马斯克会在开场和收尾演讲中，呼吁更多外部工程师加入特斯拉进行研发。马斯克用实践说明，最好的招募方式是：展示特斯拉才华横溢的工程师们。

以 2022 年 9 月底所举办的特斯拉 AI Day 为例，在这场活动中，有大量工程师上台，每个环节都有负责该业务板块的核心工程师讲述自己所负责的部分，大约 5 分钟。

除马斯克外，活动全程总计有约 19 位工程师上台。最后问答环节也由马斯克和所有工程师共同完成。马斯克一直在舞台上赞扬着工程师团队的工作，这无疑会提升关键技术人员的成就感和责任心，也会让那些观看这场活动的工程师们对这家公司产生好感。

这样的活动细节设计，让全球最优秀的工程师们看到了特斯拉的魅力，激发了他们对特斯拉这个品牌的向往。

平衡好冒险和奖励之间的关系

> 要鼓励创新,薪酬结构必须反映这一点。失败也是可以容忍的,尝试新的东西难免失败。要是你因为失败而太过严厉地惩罚人,那么他们也会作出相应的反应,你们只能一点点地进步。大家都因为害怕被炒或是惩罚而不敢大胆尝试。必须平衡好冒险和奖励之间的关系,促进员工大胆冒险。不然,就不会有创新。
>
> ——2014年8月,马斯克参加离岸北海大会

> 特斯拉每位员工都获得了股票,我的薪酬也全部都是股票和期权。这是你容易漏掉的信息。
>
> ——2021年2月9日,马斯克推特

SpaceX 内部有一句玩笑:"只要不在发射台上爆炸,都算成功。"这反映了马斯克对创新和冒险的宽容度。他的目标是火星,他知道在这段旅程中,必然会遇到无数次的失败。

马斯克不仅对失败宽容,也喜欢用股票期权去激励团队的奋斗精神。特斯拉向所有员工提供股票期权的奖励,作为其薪酬方案的一部分。这与大多数其他汽车制造商不同,特斯拉不只是给管理层,而是给所有员工发放股票期权。这样的薪酬结构设计,让很多员工都变得非常富有,很多高管持有价值数百万美元的股票。

给所有员工发股票,是老板能够做出的最大方的事情。因为股票,代表着对公司、品牌的真正所有权。马斯克这样做,是为了让所有员工认为自己是公司的主人,并为了实现公司的使命,而努力奋斗。

打造伟大的品牌，需要平衡好冒险和奖励之间的关系。如果说鼓励冒险，主要看老板对失败的容忍度，那么给公司的每一个人发放股票期权，则是奖励的最好机制。

第二节 通过"异步沟通法"持续激发团队思维

偶尔召开越级会议减少信息损耗

> 一家公司在规模还很小的时候，因为劳动分工，生产力增长会很快。然后，公司规模扩大，沟通变得繁复，个人生产力下降。沟通要穿越的层级不断增多，必然会产生误解。信息的每次传递都会有所损失，哪怕传达的人尽心尽力。你可以召开越级会议来缓解这个问题，我觉得这是个好主意。
>
> ——2015年6月8日，马斯克参加爱迪生电气协会年会

特斯拉有一本有趣的"反员工"手册，系统介绍了公司对员工的期待。在这本手册中明确写道："特斯拉的任何一名员工，都有权且应当给任何人发邮件或面谈，以最快速度解决问题，使整个公司从中受益。你可以与主管谈话，也可以找主管的主管；你可以直接与另一个部门的副总裁交流，也可以和埃隆·马斯克交谈。"

随着公司的壮大，"官僚化"几乎不可避免。公司的战略信息会因为过多的组织层级而逐渐流失。马斯克明白，这种情况会严重影响组织的执行力。

为了尽量减少公司内部的信息流失，马斯克鼓励员工们通过召开越级会议来解决这个问题，甚至在员工手册中直接写道："你可以直接与另一个部门的副总裁交流，也可以和埃隆·马斯克交谈。"

有人可能会担心，这样的越级汇报会在公司内部造成混乱，但是从组织整体活力的角度，适当的"混乱"有时候反而会让"池子"变得更加清澈。那些真正担心这一类越级汇报的人，往往只是那些平庸无能的企业中层管理者们。

另一种目标设定方法，讲给外部的内部信

> 2030 年达到 2000 万辆是一个愿望，而不是一个承诺。之所以设立这样的目标，是因为全世界大约有 20 亿辆小汽车和卡车。我们要想在可持续能源和电动化方面真正有所作为，我认为我们需要每年至少更换 1% 的车队，才能真正有意义。这就是 2000 万辆的由来。
>
> ——2022 年，马斯克在金融时报汽车峰会上发言

2019 年 2 月 19 日，马斯克在推特上写道："特斯拉在 2011 年生产了 0 辆车，但会在 2019 年生产大概 50 万辆车。这意味着特斯拉在 2019 年的全年产能将达到 50 万辆左右，也就是每周生产 1 万辆车。年度交付车辆仍将是预计中的大约 40 万辆车。"

2019 年全年，特斯拉交付了约 36.75 万辆车，同比增长了 50%。这基本实现了马斯克当年 2 月份在推特上所定的年度目标：即交付量达到大约 40 万辆。

马斯克喜欢在公开的媒体采访中，详细讲述自家品牌在未来某一个

时间节点的目标。比如马斯克在 2014 年,详细向媒体介绍特斯拉的"三步走"战略。比如马斯克在 2022 年的汽车峰会上,直言特斯拉在 2030 年的目标是销售 2000 万辆车。

马斯克对旗下公司的战略一直有着清晰的规划,他也乐于将公司的战略直接对外进行详细解读。这样做,不仅可以让外界进一步了解这个品牌的战略和前景,更能够激励公司内部的员工们为实现这一目标加倍努力,这既是高悬头上的压力,也是激励前进的动力。

马斯克经常通过制定雄心勃勃的时间表来激励团队、施压团队。他乐于打破关于开发和构建所需要时间的历史成见。为了完成项目,马斯克偶尔会做一些冒险的事情,比如在媒体上公开透露公司的激进目标,即使这样的目标,会消耗公司的大量金钱成本、时间成本或者名誉成本。

这是一种独属于马斯克的管理方式,与内部员工所承受的压力不同,外部大众则是抱着看热闹的心态,乐见这位"钢铁侠"的每一句"大话"。成功自然值得欢呼,失败亦能带来很多乐趣。

第三节 打造"酷工程师文化"的制度设计思考

非必要的会议,不必出席

开会的基本规则是,只有在会上接受或提供非常重要的信息的人才需要出席。我们还有一条规则:如果开会时发现这次会议对自己没有积极意义,或者自己对这次会议也没有贡献,那么就应该直接离开。

——2015 年 6 月 8 日,马斯克在爱迪生电气协会年会上发言创造一个能让人渴望来工作的环境是非常重要的。因为如果你爱你现在的工作，努力工作就变得容易多了。

——2016年5月31日，马斯克在特斯拉2016年度股东大会上发言

职场生活中，很多人都受够了无意义的会议。更糟糕的是，很多人不得不参加一些与自己完全无关的会议。浪费别人的时间，就是浪费别人的生命。特斯拉和SpaceX的工程师们的时间都"非常宝贵"。

为了让工程师们更好地发挥自己的智慧，马斯克在内部设置了一条规则："如果你在会议中发现这次会议对你没有价值，或者你对这次会议也没有价值，那么你可以直接离开。"

简单来说，就是如果这场会议"对你没用"，同时"你对这场会议也没用"，那就不要参加。

这样直截了当、甚至有点粗鲁的内部制度，反而会让追求最佳方案的工程师们心服口服，将自己的智慧用到真正有意义的研发工作中去。

打造让员工喜欢的工作规则

致：所有人

来自：埃隆·马斯克

日期：2021年10月3日，星期日

主题：工厂里的音乐

我只是想说，我非常支持工厂里的音乐，以及任何让工作变得更愉快的小接触。有个同事刚给我发了条短信问我能不能

用一只耳朵听音乐,而用另一只耳朵听安全问题。我觉得这听起来不错。此外,只要你的同事对音乐的选择有合理的共识,扬声器播放的环境音乐也完全是很酷的。当然,如果你认为有其他事情可以改善你一天的工作状态,请告诉我。我很在乎你每天都盼着来上班!

谢谢!

埃隆

当考虑到技术公司的竞争力时,我的建议是看看,最聪明的工程师们想去哪里工作,哪家技术公司就很有可能获得成功。这就像是对于一支职业球队而言,王牌队员去哪里,哪支球队就有很大可能获得胜利。因此我们花了很多精力来确保世界上最好的工程师想来特斯拉工作。有时候特斯拉是工程师们的首选,有时候则是 SpaceX。对于那些想在特斯拉或者 SpaceX 工作的人来说,我们允许人们在这两家公司间流动。如果他们有这个意愿的话,如果你想花时间从事电动汽车的工作,但有时想从事火箭的工作,我们支持你这么做。

——2022 年 8 月,马斯克出席特斯拉股东大会

特斯拉"反员工手册"中写道:"工作期间,一定要有乐趣——这包括认识新朋友,获得新动力,尝试新事物等。如果没有足够乐趣,你就会不开心,这绝非我们所想,我们希望你努力工作,热爱工作,并且乐在其中。"

马斯克明白，创造一个能让人渴望来工作的环境非常重要。因为如果你爱你现在的工作，努力工作就变得容易多了。

为了留住最好的人才，马斯克一直在内部建设着"工程师友好型"文化，比如，他直接发邮件支持员工们在工厂里听音乐，同时也愿意采纳任何可以改善员工的工作状态的建议。

马斯克非常喜欢通过邮件、短信等方式进行异步沟通，而不是面对面的同步沟通。他认为同步沟通容易打断思考，而异步沟通可以让接收信息的一方不被干扰，也可以给出更深入和准确的回复。

异步沟通的优势有：

第一，它可以让团队在专注时间段内工作，不受打扰；第二，它可以记录下所说和所分享的内容，而同步沟通往往没有记录；第三，它可以给人们思考后再回应的机会（立即回应不一定是最好的回应）；第四，它可以与不同时区的成员沟通。

也正是因为采用了异步沟通，马斯克这个"大忙人"才能同时参与多家大型科技公司的运营，并在不同的团队之间灵活切换。而这样的沟通方式，也给了员工们充足的思考时间，极大地提高了解决实际问题的效率。

管理要尽量简化

> 我们有个目标叫"高信噪比"，信号是指工程方面，噪声是指管理方面，多做工程方面的事情，管理尽量简化。管理低成本还是高可靠性，最大的驱动力就是简化，如果我们发现更简单的方法就去做，不论这是新科技还是老技术。
>
> ——2005 年 5 月 20 日，马斯克出席第 24 届 ISDC 大会

乔布斯曾经说过，高级人才的自尊心，不需要太多呵护。"与优秀自信的人合作，不用太在意他们的自尊。大家都专注在工作上，每个人负责一项很明确的任务。"

在科技领域，真正优秀的工程师们不需要太多管理。马斯克在管理中提出的"高信噪比"概念，用最简洁的公式方式，表明了管理工程师的要点：多做工程方面的事情，在管理方面则尽量简化。

因为当工程师们投入一个业务目标时，往往会进入到全神贯注的心流状态。高级的人才们往往会互相切磋，彼此激励，以达成目标。

这时候，科技品牌能做的，更多是为工程师们提供足够多的支持，帮助其加快研发进度，助力其实现成果。如果用无意义的会议、指令去束缚这些工程师们，那无疑是在浪费人才。

第四节 首席人力资源官，随时随地的顶级人才招募会

在公开演讲中进行自然招募

> 我希望你们中一些人，可以加入 SpaceX 或其他公司。因为这对于意识的保持和扩展，确实是一件非常重要的事。
>
> ——2012 年 6 月 15 日，马斯克在加州理工学院毕业典礼上致辞

在 2020 年世界人工智能大会的发言中，马斯克表示："我想强调下，在中国我们要做的是，进行很多原创性工程开发。所以，并不是简单的

将美国的东西直接复制到中国,而是在中国进行原创设计和原创工程开发。所以,如果你考虑工作,请考虑在特斯拉中国工作。"

马斯克就是这样,他喜欢在任何的公开演讲中,招募潜在的候选人为他工作。无论是大学毕业演讲、媒体宣传片,还是科技行业论坛,只要有机会,马斯克就会开始游说潜在的顶级人才加入他的公司。

值得注意的是,在这类场景中,马斯克所扮演的,往往都是"年轻人导师""行业先行者"这样自带光环的角色。在这样的场景中,愿意聆听马斯克演讲的受众往往会放下一些"防守心态",看看这位大佬有哪些好的想法和建议值得学习。

马斯克则紧紧抓住了这些时机,巧妙地劝诱潜在的顶级人才加入他的团队,一起改变世界。

用成功经历和技术背景来说服人才

> 我是如何说服他们加入团队的呢?我之前的两家公司都取得了成功,不是说我只是个普通人,突然就喊来其他人,说我们造火箭吧。像我这样,大学毕业就创业卖了3亿美元,然后马上创立了第二家公司又卖了15亿美元。这样的经历很有说服力。这样他们就说,这哥们一定有两把刷子。
>
> ——2008年5月29日,马斯克出席第27届ISDC大会

> 我是个非常懂技术的人,能够和他们谈论技术细节,他们知道我不会让他们做一些愚蠢的事情。我认为这很有帮助,他们在原有的公司也会很沮丧,只是一颗螺丝钉。这样可以和工程师候选人进行有效沟通。

——2008年5月29日，马斯克出席第27届ISDC大会

2023年6月，SpaceX迎来了一位新员工，14岁的天才少年凯兰·奎兹，他将担任SpaceX的软件工程师。据求职网站数据，SpaceX的录取率只有0.2%，凯兰·奎兹的加入打破了纪录，成为SpaceX最年轻的软件工程师。马斯克的公司会不惜一切，来招募全世界最优秀的分析师，不分年龄、性别和种族。

"我必须跟你谈谈，我是个亿万富翁，我想实施一项太空计划。"这是马斯克在招募吉姆·坎特雷尔时所说的，这是他们第一次通电话。吉姆·坎特雷尔是火箭科学家，曾在美国宇航局实验室工作。

马斯克会亲自到大学航天学院打听成绩最好的学生，或者打电话给院里的助教询问：系里勤奋又聪明的研究生或博士生是谁？然后他会第一时间打电话去宿舍找学生来公司面试，只要聊得顺利，这些学生第二天就能接到工作邀请。

在邀请乔布斯的爱将乔治·布兰肯希普时，马斯克采用"邮件骚扰"的方式不断追问，在对方休假时抓住机会见上一面，并直接安排下次在公司见面的时间。乔治认为，马斯克的成功和他对目标的极度执着有关，他会调动各方面的资源来实现自己的目标。

为招聘举办发布会

我想再次强调，这次活动的主要目的是招聘。很多时候，人们认为，他们没法真正在Neuralink工作，因为他们对于生物学或大脑的工作原理一无所知。而我们在这里真正想强调的是，你不需要对这些领域有充分的理解。

——2022 年 10 月 31 日，马斯克出席 Neuralink 发布会

在 2022 年 10 月 31 日的 Neuralink 发布会上，马斯克直言："我想再次强调，这次活动的主要目的是招聘。"

实际上，不论是特斯拉的 AI Day，还是 Neuralink 的发布会，马斯克都明确表示，举办这一类型的发布会是为了招聘人才。马斯克会在这一类会议上，重点介绍公司的宏伟愿景，以及公司在产品层面的各种技术进展。

他会邀请公司的工程师们上台分享他们的工作成果和经验，展示公司的创新能力和领先优势。他也会在会议中或者会后，与感兴趣的候选人进行交流和沟通，邀请他们加入公司的团队。马斯克希望通过这样的方式，吸引全球最优秀的工程师、科学家和分析师，为他的公司注入新鲜血液和活力。

马斯克面试问题清单

我其实只是让他们给我讲讲他们的职业生涯，讲讲他们遇到过的比较棘手的问题，他们是如何处理的，在关键转折点是如何做出决定的。一般来说，这就够我对求职者做出直觉上的判断了，我需要看他们有没有杰出的才能。他们所面对的问题真的是难题吗？他们是否解决了问题？通常，真正和问题斗争过的人，才会真正理解问题。要是问题非常难的话，他们是不会忘的。无论你问得多细，他们都答得上来，而没有真的解决过的人不会知道细节。

——2014 年 11 月 6 日，马斯克接受

第十章 打造完美品牌团队的秘诀

德国汽车杂志采访

"你站在地球表面，往南走 1 千米，往西走 1 千米，再往北走 1 千米，结果却回到原点，那你在哪里？你还有可能在哪里？"这是马斯克经常抛给面试候选人的一道问题。大多数工程师会给出北极点的答案。马斯克解释第二个答案是靠近南极点的某个地方，但不是南极点。实际上马斯克并不在乎面试者是否答对，而是考察面试者的逻辑思维能力和现场的应变能力。

在 2022 年 8 月的特斯拉股东大会上，马斯克自豪地宣布，特斯拉已是全球工程师最想供职的公司之一，在所有科技公司中排名第二。排名第一的公司是同样属于马斯克的 SpaceX。

从数量上来看，仅在 2021 年，特斯拉就收到了 300 万份工作申请。在众多的候选人之中，如何挑选出最适合自家公司的人才，是一个不小的挑战。

马斯克通常的做法是，去询问候选人曾经解决过的最大的难题，以及在这个过程中所扮演的角色。从答案中，马斯克可以判断应聘者是否真的是找到过难题的解决方案的人。当然，还必须是经过自身努力找到的。这个人必须是解决问题团队中的核心人物。在马斯克看来，一旦这个人曾经做过，就很有可能继续做到。

而为了真正一探究竟，马斯克会深入追问，把候选人所解决过的问题进行拆解复盘。马斯克认为，真正解决问题的人知道具体的细节，知道问题的核心在哪。而对这些细节的描述程度，反映了这位候选人的水平。

本章回顾
如何打造完美的团队

┆伟大且艰难的事业,需要一支特种部队式的精英团队。这些人不仅技艺精湛,还能承受巨大的心理压力。只有这样的战士,才能重新思考一切,忍受研发过程的煎熬,熬过实验的失败。

┆创始人和CEO的一举一动,每时每刻都在影响着整个公司运转的方向。一位深居一线、不搞特权的CEO,能够激发起全员的参与感和战斗力。

┆打造伟大的品牌,需要平衡好冒险与奖励之间的关系。要用股票期权等形式鼓励冒险,要对失败保持适度宽容。

┆异步沟通法,可以让一位CEO在不同时间、不同运营团队之间来回穿梭、游刃有余。这样的沟通方式,也能够给予员工们足够的思考时间,极大地提升解决真正业务难题的效率。

⋮ 将清晰的战略直接对外宣讲，不但可以让外界进一步了解这个品牌，更能够激发起内部员工为实现这一战略的斗志。这既是高悬在员工们头上的压力，也是激励大家进一步前行的动力。

⋮ 允许最优秀的工程师选择自己喜欢的工作内容，甚至同时参与两条业务线。这样的安排，既满足了工程师们的多元兴趣，又增加了他们的专业技能。为了留住最好的人才，努力在内部建设"工程师友好型"文化。

⋮ 当企业领袖在扮演"年轻人导师"这样的角色时，可以考虑用自己真诚而鼓舞人心的演讲打动听众。这是吸引顶级人才加入团队的完美时机。

⋮ 在面试候选人时，不妨问问他们曾经遇到过的最大的难题，以及他们是如何解决的。通过这样的问题，可以看出应聘者是否有解决困难的能力和经验。有过成功经历的人，更有信心和勇气面对未来的挑战。

后记
最后，所有的事都是品牌这一件事

2022年初春的一个北京早高峰，我驾驶的特斯拉Model 3遭遇了碰撞。

由于一辆黑色轿车横冲直撞，使得一辆小货车直接将我的车顶出了几米，"车屁股"被撞得明显凹陷，黑色轿车扬长而去。我在给保险公司打完电话后，开始和"肇事司机"交涉。很快我发现，身边多了一个和气的中年男子，一直在给我提供一些保险和修车方面的建议。寒暄之后才知道，原来他是特斯拉距离最近的维修中心的工作人员。

在保险通知特斯拉后，这位距离最近的特斯拉服务中心的工作人员迅速"锁定"了我。

要知道，从被追尾到这人找到我，整个过程不超过十分钟。这样高效的售后服务效率，让我开始对特斯拉和埃隆·马斯克产生了好奇心。除了这次"意外服务"，特斯拉还有哪些精心设计的品牌策略？马斯克是否有一套相对完整的品牌打法？他把这套打法仅仅应用在特斯拉身上吗？

马斯克是一个伟大的创业者和创新者。他所创建的火箭公司SpaceX已经超越波音和其他公司，代表美国航天事业的未来。他所创建的汽车公司特斯拉，则是电动汽车市场的绝对领跑者。此外，马斯克还涉足机器人、太阳能、加密货币、脑机接口和地下隧道等领域。2022年，马斯克还成功收购了推特。甚至当前最为引人关注的AI公司（OpenAI）的名字，也是马斯克给取的。

马斯克高度推崇第一性原理。第一性原理能够帮助人们深入事物的本质，找到所有事情的"基本原理"。马斯克的成功密码就在于，他将第一性原理引入到公司的"研发设计"和"品牌营销"上。

市面上有关马斯克的传记作品已经很多，但没有任何一本系统地梳理、介绍马斯克在品牌管理方面的方法论书籍。我开始考虑是否有可能通过写一本书，来解开这些疑问。我开始仔细研究马斯克在过去30年的每一个访谈、每一场演讲、每一本传记……

每本书都应该向读者揭示一个秘密。最终，我找到了写作的主题：从第一性原理出发，系统研究马斯克的品牌管理方法。

马斯克的第一任妻子、科幻作家贾斯汀曾经这样评价自己的前夫：

"极致的成功需要极致的个性，这样的成功以其他方面的牺牲为代价。极度的成功跟你认为的'成功'是不一样的，你不必成为像理查德或者埃隆那样的人，也能过上富裕和优质的生活。你获得幸福的概率比成为伟大人物的概率更高。

"但如果你是一个极端的人物，你必须做你自己，幸福对你来说已经不是人生最重要的目标了。这些人常常是怪胎或者与社会格格不入，他们总是强迫自己以一种非同寻常的方式去体验这个世界。

"他们找到生存的策略，随着年龄的增长，他们想方设法把这些策略应用到其他的事情当中，为自己创造独特的优势。他们的思维方式不同常人，他们总能以全新的角度看待事物，找到具有洞见的创意。但是，人们常常认为他们是狂人。"

马斯克是一位真正的故事大师。2008年12月31日，马斯克在接受《智族》杂志采访时曾表示："我不是说我们肯定能做到（踏足其他星球），我们很可能不会成功。但如果某件事足够重要，那你无论如何也应该做。"

是的，马斯克非常擅长讲故事。他会为自己的公司确立一个伟大的故事基调，比如改变世界、探索宇宙、拯救人类等。他也会为自己确立一个超级英雄的人设，比如冒险家、梦想家、领袖等。他用这样一个足够好的故事，吸引了粉丝的热情，刺激了媒体的报道，塑造了品牌的形象。

马斯克深刻理解"创业真人秀"的价值，并一直将自己的创业过程公开展示在大众面前。在这档"真人秀节目"里，马斯克凭借自己的才华和努力，从南非走到美国，成了亿万富豪，开始涉足航空航天、智能汽车、社交媒体、脑机接口等领域，从美国走向世界，成为被世界各国人民公认的"当代钢铁侠"。可以说，这是一个令人惊叹的商业传奇故事。

马斯克所创建的科技公司，在本质上，都在讲述人类作为一个整体，去探索边界，完成自我实现的愿景。马斯克在各种场合不断地重复讲述着这些"故事"。在很大程度上，马斯克的创业故事，代表着人类拓展自身生存空间的终极梦想。也正是因为这些故事，让马斯克在创业路上获得了比普通公司更多的宽容、鼓励和祝福，也让每一个品牌更加闪耀。

事实上，就像在SpaceX用第一性原理设计火箭一样，马斯克将市场、品牌、公关的所有"零件"一一拆除，仔细分析每个环节的最优解，然后重新像搭建积木一样，打造了一套独特但有效的品牌管理新范式。

在打造产品方面，马斯克从第一性原理出发，重新思考了自动驾驶趋势下，怎样的设计是永不过时的，最终得出结论：可持续升级的车机系统，加上极简的设计风格，才是最佳设计。他不通过市场调查，而是通过直觉来确定产品，他把公司的资源投入研发、制造和设计中，他注重平衡产品的美观与实用性，他持续优化产品，用数倍好于传统的产品，最终引爆市场。

在打造品牌口碑方面，他会找到人群中的"超级粉丝""超级用户"，来为自己的产品买单和背书，他会努力让购买和使用自己的产品变成一种社会时尚。他乐于采纳粉丝所提出的任何有价值的建议，争取让粉丝进行自发传播，让粉丝为品牌拍摄广告片，让老车主作为志愿者为客户介绍新车功能。而在这一切的背后，他也为客户们设计了精巧的鼓励机制。

在产品定价方面，马斯克深知"首因效应"的威力，特斯拉从跑车开始起步，让产品占住了高端品牌的心智。马斯克会利用发布的时间差发布产品，他会利用消费者的炫耀心理，在订购规则上耍一点小心机。他也会把产品定价作为商业竞争的武器。他也会充分利用自己和特斯拉的品牌溢价能力，推出香水、鸭舌帽、火焰枪、哨子等无厘头的周边产品。

在对外宣传方面，他把自己打造成了品牌最大的移动广告牌，他不遗余力地出现在各类影视剧和纪录片中，他热衷出席几乎每一场媒体访谈和大学演讲，他会仔细考量自己出镜时的背景设计、衣着图案，他也会在镜头面前真情流露，大谈自己的火星梦想，他会像一个有些疯狂的科技博主一样发推文，不愿意错过任何一个网络热点。

在发布会环节，他把产品发布打造成了一场科技演唱会，他喜欢开车上场，他喜欢直接用数据挑战自己的竞争对手，他也不介意在舞台上"砸车失败"。他会通过引用数据、引述媒体报告、使用比喻等方式，来避开自己不擅长演讲的劣势，让人们将注意力聚焦到产品身上。

在渠道设计方面，他打造了不亚于苹果店的特斯拉体验店，D2C模式让用户感受到了从未有过的购车快感。他会通过试驾、移动服务站、热线电话、OTA升级，让用户通过最少步骤下单，用最短的时间获得优质服务。他会充分利用自己旗下多个品牌的优势，合纵连横，实现公司间的技术共享、人才共享和场地共享。

在打造品牌团队方面，他秉持着打造特种部队的目标，身先士卒，永远冲在第一线；他也愿意在适当的时候，将舞台让给工程师；他努力平衡着冒险与奖励之间的关系，容忍失败，也愿意将公司的股票分享给团队；他更喜欢通过异步沟通法去锻炼团队的思维，最大程度减少会议、减少信息损耗，让天才工厂师们，在最舒适的环境中，发挥自己的聪明才智。

如果我们以客户购买旅程作为横坐标，以用户的不同需求作为纵坐标，可以得到如下这样一张"决策需求矩阵"图：

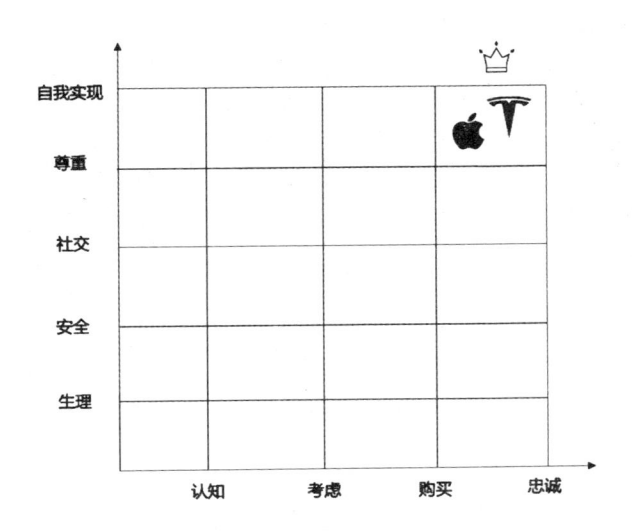

后记 最后，所有的事都是品牌这一件事 243

特斯拉的品牌成功地让用户感受到了自我实现的价值，让用户对品牌非常忠诚，并愿意向亲友推荐。特斯拉在智能汽车领域完成了苹果在手机市场层面做到的事情，让品牌处在用户"决策需求矩阵"的"自我实现及忠诚品牌"位置。特斯拉也因为在品牌侧的"王者姿态"，获得了极大的品牌溢价。

对于任何品牌，甚至任何个人来说，我们都可以参考这张图，去思考该怎样做才有机会走到这张矩阵图的"自我实现及忠诚品牌"位置。

那么，如何做才能实现这一目标呢？马斯克给我们的启示是，要用第一性原理去重新思考和设计品牌营销的整个链条，包括市场、产品、价格、渠道、推广等方面，找到最有效路径、最优路径，为品牌讲述一个伟大的故事。

马斯克的传记作家曾表示："马斯克身上具有天生的禀赋和独特的

气质，他的智力，记忆力，耐力，让他很难被模仿。但是每个人都可以学习马斯克设定清晰目标后，以顽强的毅力去努力实现目标的精神。"

马斯克的品牌管理方法不仅适用于所有科技公司，也适用于任何勇于创新的公司。本书也希望能够提醒每一位市场中的人，实际上几乎所有工作都可以通过第一性原理去重新建构。我们需要放下成见、放下执念，重新思考市场、品牌、公关的本质到底是什么，而在本质之下每个环节的最短最优路径，又是什么？

品牌，远比绝大多数人想象的内容，要丰富得多；品牌，也绝不仅仅是品牌团队的事情，事实上一家公司的每个人、每件事，都与品牌息息相关。

可以说，所有的事情，都是品牌这一件事。

2017年，马斯克在出席世界政府高峰会（World Government Summit）时，说了一句让人印象深刻的话："这是个秘密计划，你知我知就好。"在阅读完这本书后，笔者也衷心期待您能够从自身所处的角色出发，去实践一个独属于自己的"品牌秘密计划"。

最后特别鸣谢：埃隆·马斯克，没有他的工作，我不可能完成这本书。